麦肯锡公众表达课

准确发现痛点，才能有效说服

[日] 高杉尚孝 著
杨建兴 译

中信出版集团 | 北京

图书在版编目（CIP）数据

麦肯锡公众表达课：准确发现痛点，才能有效说服 /（日）高杉尚孝著；杨建兴译 . -- 北京：中信出版社，2019.11

ISBN 978-7-5217-1082-3

I. ①麦… II. ①高… ②杨… III. ①说服—语言艺术—通俗读物 IV. ① H019-49

中国版本图书馆 CIP 数据核字（2019）第 209956 号

麦肯锡公众表达课——准确发现痛点，才能有效说服

著　　者：[日] 高杉尚孝
译　　者：杨建兴
出版发行：中信出版集团股份有限公司
（北京市朝阳区惠新东街甲 4 号富盛大厦 2 座　邮编　100029）
承 印 者：北京楠萍印刷有限公司

开　　本：787mm × 1092mm　1/32　　印　　张：6.25　　字　　数：97 千字
版　　次：2019 年 11 月第 1 版　　印　　次：2019 年 11 月第 1 次印刷
京权图字：01–2015–1855　　广告经营许可证：京朝工商广字第 8087 号
书　　号：ISBN 978–7–5217–1082–3
定　　价：42.00 元

目录

第 3 章 更便于信息传递的样式设计

第 4 章 演示者应该掌握的技巧

第 5 章 改变思维方式，正式演示时保持平常心

前言

演示（presentation）的重要性正在与日俱增。向顾客提建议方案需要演示自不待言，公司内部需要演示的场合也在不断增加，而且这种方式今后只会越来越普遍。大家现在将本书拿在手中，可能也是亟须制作演示方案的缘故。

作为讲解演示技巧的指南，本书全面而简要地归纳了用来支撑演示的三个精髓要义：（1）能够发现倾听者的痛点，找准对方面临问题的类型；（2）牢固支撑结论的系统化结构；（3）能够增强演示者的说服力。

◇ ◇ ◇

随着做演示的机会不断增加，电脑等相关设备与软件的发展也取得了惊人的进步。手掌大小的设备的出现就不用说了，投影仪的发展也令人惊叹不已。相信演示器材和软件今后也会继续发展进步。

此时我们需要格外注意，不能对设备和软件产生依赖。人们很容易陷入迷信般的依赖，认为“只要用这个软件就能做到完美”“用这台投影仪的话准能成功”等。硬件和软件制造商也常用这样的语句作为市场营销的广告词，对消费者进行宣传诱导。

诚然，如能充分利用好高性能的设备和软件，那自然再好不过，但绝不是靠这两项就能确保演示取得成功。我们应该扪心自问的是：“与设备和软件的发展进步相比，演示的内容与演示者的水平如何？”笔者的感觉是，非但没有进步，反倒是正在退步。

例如，我们常见的演示往往缺乏故事性，原始数据罗列一大堆，塞满剪贴画和图表，页面过于拥挤和混乱。反之，我们也经常会看到只是孤零零地放上几个关键词和示意图的过于简单的演示。

演示者则常常表现为，身体不稳，摇来晃去，眼神游移不定，手也是毫无意义地摇摆，不停地发出“嗯”的声音，不看听众，自顾自地开始，然后自顾自地结束……看到这样的人就知道他们根本没有受过任何训练，而现状确实如此，演示者普遍是这种水平，所以，现状是不尽如人意的……

在很多情况下，演示效果会成为商业洽谈成功与否或者建议方案能否获得通过的决定性因素。社会需要我们准备好不输给设备和软件进步速度、通俗易懂且有说服力的演示资料，而这需要演示者提高自身水平。

◇ ◇ ◇

本书旨在教大家学会制作既富于理论性又具有可操作性的演示文稿，并能够有感染力地加以演示。只要精通本书内容，并且不断加强练习，大家的演示水平一定能得到大幅提高。衷心希望本书能够对大家职业生涯的发展有所帮助。

高杉尚孝

第1章

演示是用来调动对方的东西

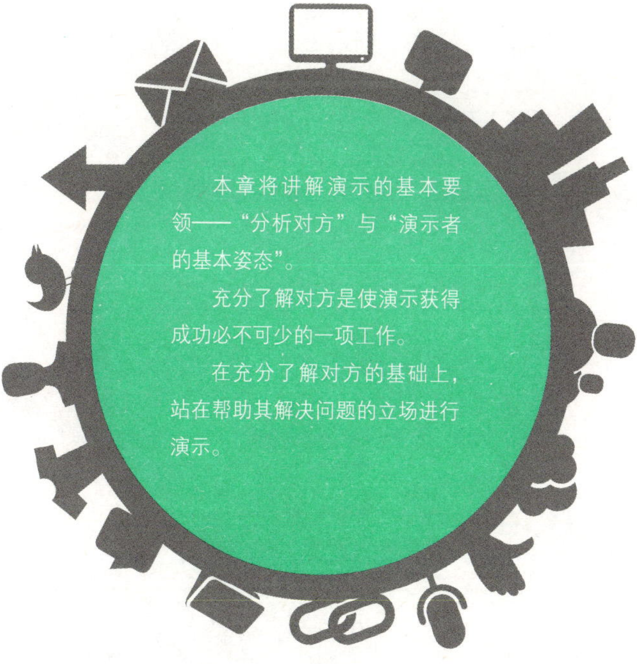

本章将讲解演示的基本要领——“分析对方”与“演示者的基本姿态”。

充分了解对方是使演示获得成功必不可少的一项工作。

在充分了解对方的基础上，站在帮助其解决问题的立场进行演示。

希望对方做的事

关键点

• 演示的目的在于促使对方有所行动。

• 让对方采取行动之前需要经过几个步骤，每个步骤都在促使对方发生变化。

• 准确认识到“想要对方发生何种变化，采取何种行动”十分关键。

目的在于让对方行动起来

如果对方是提出某种企划案的人，演示者应该会希望获得对方的赞同和接受；如果对方是决策者，演示者会希望对方采纳自己的方案；如果对方是实际执行部门，演示者则会希望对方能够将方案付诸实施。

另外，如果是用来报告项目进展情况的演示，演示者应该希望对方在理解进展情况的基础上一如既往地予以协助，并继续推进相关工作。

因此，要说究竟为什么进行演示，那就是为了促使对方行动起来。

行动之前需要经过几个步骤

当然，如果冷不防地请求对方行动起来，则是很唐突的，因此，在促使对方采取行动前，还要先经过几个步骤。

例如，如果希望消费者购买某种新产品，那就必须让消费者知道这种商品的存在，否则购买行为便无从谈起。在此基础上，我们需要让消费者对商品感兴趣，有想买的愿望，最后做出购买行为。

当然，某一特定演示的直接目的也许并不只是让对方知道商品的存在这一显而易见的事实，而是促使对方行动起来购买该商品等。

敦促行动＝促使发生变化

所谓敦促行动，换言之就是促使对方从 A 状态向 B 状态发生改变（虽然也许表面上并不明显），即希望让对方从“不知道”新商品存在的状态转变为“知道”这一状态。希望从“不是很感兴趣”的状态转变为“感兴趣”的状态……

当然，最终是让对方发生从“还没有购买”到“购买”这一质的变化，也就是行动发生转变。

自己应事先想清楚希望对方发生何种变化、采取何种行动

最重要的是事先认识到希望对方发生何种变化，希望对方怎么做。如果演示者自己对演示的目的和内容都

没有认识清楚，那么演示就是无的放矢。

演示的目的是促使对方发生特定变化，采取特定的行动。从“不知道”到“理解”，从“反对”到“赞成”，从“怀疑”到“信任”，从“敌意”到“善意”，从“气馁”到“充满希望”……

演示者只有明确认识到希望对方发生何种变化、采取何种行动，才能够真正站在演示的起跑线上。

失败案例

希望对方做的事

定森是大型糕点制造企业的营销策划负责人。他正在进行演示，听众是制造部、品质管理部、调配部的负责人。他演示的主旨似乎尚不明确。

定森： 嗯，衷心感谢各位百忙之中出席今天的演示会。请恕我免去客套，首先我将从我们公司畅销产品的排行榜开始讲解。然后在此基础上对排名前三位的商品进行详细说明……

制造部负责人心想： 听说是很重要的演示，我就来了……可是这个演示的目的到底是什么啊？

定森： （一边展示字很小的排行榜）这是最近一个季度的销售额排行榜。排在第 10 位的是销售额为 3 500 万日元的“入口即化布丁”。湿润的甜香与顺滑的口感似乎深受女性欢迎。

品质管理部负责人心想：喂，这家伙究竟想说什么？莫非是想说品质上有问题？

定森：尽管有的调查问卷显示，牛奶蛋糊没有怪味，口味清爽，但也有报告显示，会有微微的苦味儿。本产品正如常见的那样，底部没有加入焦糖汁，制作非常简单……

调配部负责人心想：这是想要提出新产品的开发创意吗？真是的……

定森：下面是第 9 位。大家都知道，比较新的产品“松软咖啡果冻”销售额达 4 200 万日元。

由于采用的是在咖啡果冻上加泡沫状奶油的传统做法，所以，从制作方式来说十分普通。另外，味道方面也与其他公司的咖啡果冻没有区别。这一理所当然的设计果然受到了女性消费者的欢迎……

制造部负责人心想：你饶了我吧！接下来的讲解也会一直是这个样子吗？你究竟希望我们怎么做？这个演示的目的究竟是什么？

（一边离席一边说）定森先生，不好意思，我想起一件急事……（走出会议室）

调配部负责人：那个，我也忽然想起一件事来，不好意思啊。（离席而去）

定森：啊？可是演示才刚刚开始……

品质管理部负责人：大家好像今天都不太方便，要不你改天再讲可以吗？对了，你今天演示的目的到底是什么？

定森：……这个嘛，嗯……我是想让大家了解一下销售的实际情况……

品质管理部负责人：我们了解了，然后呢？算了，总之下次再说吧。大家看上去都很忙的样子。（这家伙的演示，我是再也不会来听了。）

定森：啊？那好吧，下次再找机会……

问题出在哪里？

就这样，最后所有人都走掉了。没有了听众，演示也就无从谈起。定森犯了什么错误呢？

× 没有清楚认识演示的目的

很明显，定森没有认识到自己做演示的目的是什么。最后被参加者问到这个问题时，他才终于意识到这一点。结果他给对方的答复也只是敷衍了事的“希望让大家了解情况”。让大家了解情况以后，希望大家怎么做呢？“希望对方怎么做”，他应该事先具体地想清楚希望对方发生何种变化、采取何种行动。

话又说回来，事先连演示的目的都没有确认就“姑且”认为前来的听众也没有问题，实在是太草率了。

× 从细枝末节开始讲起

不仅没有把目的弄清楚，定森还从细枝末节的话题开始演示，并且给了听众一种要一直不停地继续下去的印象。看他的架势，恐怕是要把相当长的时间都花费在对每个商品的说明上。听众感到焦躁不安也是情理之中的。

演示的顺序应该是先告知结论，然后进行详细说明，这是铁的规则。

× 没确认下一次安排就草草结束了

在演示的最后，我们一定不要忘记对今后的安排进行确认。

这次定森很不走运，演示最后无果而终。即便如此，他也应该通过询问参加者今后的日程等方式采取行动，为开展下一次演示做好铺垫。

成功案例 希望对方做的事

定森：各位百忙之中拨冗出席，我表示衷心感谢。今天，正如事先已经发到大家手上的资料所显示的那样，我将就如何通过加强部门间的沟通联系，缩短新产品的上市周期做一次演示。（事先已将演示主题告知完毕。）

制造部负责人心想：没错，今天就是这个主题。（与对方调到了相同“频道”。）

定森：包括交流意见环节在内，一共需要占用大家 60 分钟左右的时间。为了完成全公司的任务，实现新产品上市周期减半的目标，我希望可以构建事务层面的合作机制。为此，今后我将拜托各部门的各位提供具体的协助。（由于确认了所需时间，听众可以放心参加。同时，因为正在告知听众将向他们提出具体的行动要求，所以听众也可以事先做好心理准备。）

品质管理部负责人心想：这个时代竞争如此激烈，各部门如果不能很好地协调配合，就会在竞争中被淘汰出局……我会尽力予以配合。

定森：接下来，我想首先参考近期的成功案例，从中提取出今后我们构建系统、缩短新产品上市周期机制的一些启示。（没有围绕“哪里做得不好”选取失败案例，而是向成功案例学习，此种积极的探讨方式对演示目的的达成也很有帮助。）

调配部负责人心想：从具体的成功案例着手，确实更容易理解……

定森：好的，下面我将为大家介绍近期上市的含有骨胶原、面向女性推出的功能性饮料“骨胶原活力”的案例。

本产品的上市周期竟然只有同系列产品的三分之一……（由于是从令人惊讶的成功案例切入话题，所以会快速让听众产生强烈的期待与喜悦感。）

帮助对方解决问题

关键点

- 单方面要求对方采取行动会毫无成效。
- 要告知对方，通过采取行动，对方能够得到何种好处。
- 演示要立足于互利共赢的前提，有利于对方问题的解决。
- 为此需要弄清楚“对于对方来说重要的问题”是什么。

单方面要求对方采取行动会毫无成效

演示前，充分弄清楚希望促使对方发生何种变化或采取何种行动十分重要。

可是，在没有强制力的情况下，单方面要求对方“应该这样”或者“应该这么做”是不切实际的。这是因为，如果不告知对方自己的提案会为对方带来何种利益，那么让对方主动采取行动是十分困难的。

读者可能认为：“这不是理所当然的吗？”然而，演示者以方便自己和对自己有好处为前提所做的演示已多到让人瞠目结舌的程度。

当然，只有充分了解对方，才能思考对方需要的有利事项。

站在帮助对方解决问题的视角上

演示的基本要领在于，在充分了解对方的基础上，让对方回应其关注的事项。更为具体地说就是，要站在帮助对方解决问题这一角度上。我们需要告知对方，我方提案对于解决其面临的问题将发挥何种作用。

我方提议对方采取的行动，有利于对方解决其面临的问题。这对对方来说是非常大的好处，将成为促使其积极倾听我方意见的强烈动机。如果能让对方接受，对方就应该会自发地采取行动。可以说，这正是互利共赢的立场。

思考对方面临的问题

我们要做有利于解决对方问题的演示，可是我们应该从什么地方开始呢？

首先要对对方进行深入分析，在此基础上发现对方面临的问题，并设定相关主题。然后将想促使对方采取的行动定位为解决主题的最佳方案。

在发现问题和设定主题方面十分有效的方法是“TH法”[①]，笔者将在后面的章节中详细讲解。这是一种将所有问题分为三类，并根据每种问题类型确定相关解决方案的方法。所有问题都可分为如下三类：

① 恢复原状型（围绕如何从目前正在发生的纠纷损

---

① TH法（TH指Takasugi Hisataka，高杉尚孝法）是高效地发现问题并设定课题的有效框架。

失中恢复原状提出建议）。

② 预防潜在问题型（现在没有发生问题，但围绕如何把将来可能发生的问题消灭在萌芽状态提出建议）。

③ 追求理想型（现状已经很好，但是围绕可以追求取得更高成效提出建议）。

失败案例

帮助对方解决问题

都筑在一家食品制造企业担任研究员兼营业负责人。他现在正在众多买家汇聚一堂的一年一度的食品博览会上做演示。如果他的演示能够引起买家的兴趣就好了，可是……

都筑：

我公司常年从事利用宏观噬菌体（bacteriophage）的活性化保持健康的研究。很多研究都在致力于揭示活性化宏观噬菌体的功能及其非活性化的原理，然而现状是，目前依然有很多地方不是很清楚……

买家 A 心想：

……这个演示讲解的似乎是已经得到学术研究验证的保健食品，我就听听看。可我是文科出身，看样子他讲的内容我根本就无法理解……或许我应该趁早转到别的研讨会上去看看……

都筑：　……究其原因，是由于稳定的非活性化样本迄今为止并不存在。为此，A-THT-6 不需要来自内部和外部的刺激，就能够保持有限和长期的活性状态……

买家 B 心想：　这个演示真差劲……简直是在浪费时间。还是去听别的研讨会吧（离开会场）。

都筑：　……（自我陶醉中）我本人，不，我公司在这一研究过程中发现了使宏观噬菌体非活性化的方法，及其对于多种疾病的预防改善效果。

买家 C 心想：　……这个人已经陶醉得忘乎所以了。他搞错了吧，这可不是研究学会的论文发表。什么时候才能开始介绍他们的产品呢？就算有，恐怕也无法让人听懂（离开会场）。

15 分钟后……

都筑：……正是为了让全社会充分利用这一研究成果，熟知技术价值、经验丰富且充满热情的研究人员和技术人员聚在一起，创立了本公司……（主持人示意时间到）啊？已经到时间了吗？好吧，还请各位一定多多关注本公司这一划时代的新产品！

买家 D 心想：……哎呀！我竟然配合他听到了最后！这些时间算是彻底毫无意义地浪费掉了。讲解完全没有站在买家的立场上。我是坚决不会买这家公司的产品的。

问题出在哪里?

非常遗憾，都筑的演示完全没能引起听众的兴趣。非但听众不感兴趣，还让有些人产生了反感。

× 演示内容超出了对方的理解能力

演示一定会有听众。在对方还未给出对己方提案的评价之前，演示者必须让听众理解演示内容。然而，都筑的讲解专业性过强，完全超出了对方的理解能力。

演示者必须使用听众能够理解的“语言”。对于研究人员都筑来说，所讲内容可能只是十分平常的内容，可是对于听众来说，却是没办法理解的杂音。

× 找错了对象

也就是说，都筑在完全没有考虑听众是什么样的人的情况下，做了一次自我感觉良好的演示。这次的听众是前来参加食品博览会的买家，而不是研究人员。

另外，就算买家了解了都筑所在公司及其研究成果，这些专业知识也并不是买家想要的信息。对于听众来说，都筑所做的演示几乎毫无意义。

因此，必须事先弄清楚听众都是一些什么类型的人，然后根据其理解程度、兴趣、疑问进行演示。

× 只是单方面表达自身感受

诚然，热情十分重要。带着感情表达有利于增加说服力。可是，都筑只是单方面说出了自己想说的内容，一点儿都没有照顾到对方的兴趣点。我们不得不说，他做的演示是没有听众的独角戏。

单方面向对方宣泄自己感受的演示是不合格的，期待取得成果的商务演示就更不应该如此了。

× 与解决对方问题之间的关联性不明确

都筑丝毫没有诸如“这种产品能够给买家带来什么好处”“将会为解决买家面临的问题做出何种贡献”这样的视角。也就是说，都筑演示的内容与买家们希望解决的问题之间完全没有关联，此次演示自始至终给人的都是这样一种印象。

结果呢，众多听众中途就离开了会场，还给听到最后的人留下了“浪费时间”的印象，甚至产生反感。这样的演示实在令人感到遗憾。

成功案例　帮助对方解决问题

都筑：在为数众多的研讨会当中，感谢大家能够前来听我介绍长寿食品株式会社的新型保健食品“宏观健康”……本产品不仅是一款容易为终端用户所接受且特征明显的保健食品，同时也是一款能为各家经销商店带来众多利益的产品……（一开始就强调自己是站在对方视角上做演示，对方也可因此放心。）

买家A心想：这个人貌似正站在终端消费者和我们买家的立场上做演示……

都筑：鼓吹立即见效的保健食品如今正在泛滥。我想，无论是各位买家还是广大消费者，都会经常为了判断该相信谁而备感困惑……（把握住了对方的兴趣点。暗示这一新产品能够成为解决对方面临问题的解决方案。）

买家 B 心想：

……他说得太对了……宣传自己产品效果也可以，但是有太多产品缺乏实证性和学术上的佐证。

都筑：

长寿食品公司的“宏观健康”是本公司多年研究开发出来的采用了宏观噬菌体非活性化稳定模型的划时代的保健食品。（没有放到后面说，而是早早地介绍产品特征。）

买家 C 心想：

原来如此……不过，宏观噬菌体非活性化稳定模型指的是什么呢？

都筑：

详细的学术说明都在发给大家的资料里。同时，我公司的网站上也公布了科学数据，欢迎大家参考。（照顾到了对方的理解程度和时间上的限制。）

买家 D 心想：

想得太周到了。现在解释我们也听不懂……

都筑：……本研讨会将为您讲解如何更为有效地向终端消费者介绍这款新产品的特性……（解决对方问题的姿态十分明确。有利于让对方产生积极倾听的强烈动机。）

买家E心想：连向用户宣传的方法都教给我们啊。这可太好了！我一直发愁该怎么用简单的方式向用户讲解深奥的内容呢……这位演示者算是说到了点子上。我得把这家公司加到采购备选名单里……

提高说服力

关键点

- 所谓说服力，是对方对于演示的认可程度。
- 在没有强制力的条件下，促使对方主动采取行动的原动力就在于说服力。
- 通过分阶段且流畅自如的逻辑展开，对方自然会出现变化，并最终接受我方观点。

说服力指的是对方的认可程度

说服力原本指的就是对方对我方的逻辑展开产生同感和共鸣的程度。若演示能够让对方觉得我方“说得有道理”“没错”，能获得同感和共鸣，就具有说服力。反之，若被对方认为“观点奇怪”“说得不对”，说服力就很弱。

在不具备强制力的情况下，促使对方有所行动的唯一方法便是提高自己的说服力。

分阶段且流畅自如的逻辑展开能够增强说服力

要促使对方按照我方最终目标采取显而易见的行动，演示必须合理且分阶段、顺畅地加以展开。这一逻辑展开是否顺畅，直接左右着演示的说服力的高低。

话题的展开太简短，会给人跳跃的印象，展开过长，又显得信息冗长乏味。两种情况都会使说服力下降。

为使对方发生对其自身而言顺畅自然的具体行动上的转变，我们有必要依据对方的知识、立场、经验等，具体情况具体处理，仔细琢磨适用于对方的故事结构，进行逻辑展开。

设计解决对方问题的故事结构

让对方觉得有说服力的演示，是能够帮助对方解决问题的演示。

例如，若要修理坏了的东西，就要按照掌握情况、追究原因、彻底处置、防止再次发生的流程组织演示内容。如果提议的是能够帮助对方解决其正面临问题的方案，对于对方而言当然说服力就提高了，所以对方不受强制就可以主动采取行动。

说服力因对象不同而不同

与其认为说服力在本质上归属于论述本身，不如说说服力由特定的对象决定才更为妥当。

也就是说，有时候也存在这样一种情况，即对某一特定群体的人非常有说服力的演示，对于别的群体的人来说却没什么说服力。

所以，我们需要事先有这样一种认识，那就是根本不存在无论对方是谁，对所有人都有说服力的论述方式。

失败案例

提高说服力

梅木是一家大型通信器械制造商的营业人员。他正在向潜在客户——一家电信企业——做有关公共电话服务用服务器的营业演示。梅木的讲解是否有说服力呢?

梅木：……嗯，以上就是本公司开发的“下一代电信级网络通信服务器”（NGN carrier grade communications server，Behind-Stage-NGN900）的详细规格。嗯，关于该产品规格，各位有想要提的问题吗?嗯，好像没有的样子。

电信企业出席人员A心想：……你都啰啰唆唆地讲了这么长时间了，肯定没有了……比起规格，我们更想知道的分明是今后的业界动向与这款服务器之间的匹配性如何。这是一项巨大的投资，一旦投资方向出现错误，那可是要命的事情……

梅木：……嗯，如果要做一些补充说明的话，原本所谓的 NGN 也就是 Next Generation Network（下一代网络），是 ITU-T（国际电联电信标准化部门）正在开发的下一代网络体系结构的名称。IP，嗯，这个指的是 Internet Protocol（网络协议），嗯，NGN 指的是以此为基础的下一代通信网络。以 IP 网络的充实和扩大为前提，嗯，主要是 QoS，这个指的是 Quality of Service（联网服务质量），以这个及服务功能和传输功能的分离等为条件。嗯……

电信企业出席人员 B 心想：……能不能别絮絮叨叨地讲这些再基础不过的东西？NGN、IP 这些术语我好歹也是知道的，我们可是在电信企业工作的人。

梅木：嗯，迄今为止，公共IP电话服务一直被定位为以与固定电话网并存为前提的廉价电话服务。嗯，可是今后的服务器需要达到与从前的固定电话网交换机相当的功能，也就是需要我公司的“NGN900”的配置……嗯，接下来我要介绍一下不同机种的价格差……

电信企业出席人员C心想：咦？可为什么要这么高的配置呢？这么重要的说明是不是跳过去了？果然内容有跳跃……您这是在逼着我们相信你们制造商说的话吗？分明解释得不够。

梅木：……嗯，如上所述，我公司“下一代电信级网络通信服务器”，嗯，是具有各种不同机种，价格上也非常合适的高配置服务器。嗯，请贵公司务必考虑引进……

电信企业出席人员 D 心想：……演示这就结束了？这款服务器究竟能够帮我们解决什么问题？我们现在的服务器用得好好的，我完全搞不懂为什么我们非要追加大额资金购买新的……这个人究竟到这儿干什么来了？这家制造商看来不行啊……

问题出在哪里?

实在难以认同这是一次有说服力的演示。看样子很难指望客户会考虑引进梅木所在公司的设备。

× 对方知道的事情还絮絮叨叨地讲个不停

努力为对方提供热情周到的演示十分重要。不过，在服务精神之名掩护下，持续讲解对方已经熟知的详细信息，就会令对方感到烦躁不安，认为是在浪费时间。演示者始终要照顾到对方的理解程度，判断应该提供何种程度的信息。

对方如果是像我这样的门外汉的话，他的讲解或许是有帮助的，可对方毕竟是该领域的专业人士……

× 逻辑展开混乱不堪，并且省略了对方想知道的内容

梅木在详细介绍了高配置产品的规格后，就马上将话题推进到拜托对方购买上。这就造成了话题跳跃，无法使逻辑顺畅展开。

就算梅木说“今后的服务器需要我公司产品级别的配置”，如果不解释为什么是这样，对方肯定心存不

安。一旦决定购买，这可是一项大额投资，所以对该项投资的意义进行讲解原本应该是这次演示最重要的内容之一。

如上所述，逻辑展开过短或过长都将无法引导对方顺利地由 A 状态转化到 B 状态，会让对方听起来别扭，说服力自然就下降。

× 没有将演示内容与如何解决对方的问题建立关联

为什么梅木会将对方非常在意的兴趣点省略掉呢？这是他没有站在对方立场上考虑问题，没有将演示作为向对方提出问题解决方案的机会进行结构设计的结果。

希望把损坏了的东西恢复原状，想要避免损坏，想让好的更上一层楼……对方必定存在想要解决的各种各样的问题。

× “杂音”也妨碍了对方对其逻辑展开的理解

妨碍逻辑顺利展开的另一个原因是梅木发出的杂音“嗯”。看来还相当严重。“嗯”的使用频率这么高，对对方而言，有意识无意识地就成了很大的负担（关于杂音，笔者会在后文再次讲解）。

成功案例 提高说服力

梅木：……以上就是有关本公司开发的“下一代电信级网络通信服务器”（Behind-Stage-NGN900）的主要规格。如果您有疑问，欢迎您在演示结束后向我提问。（照顾到了在有时间限制的演示中，不能在细枝末节上花费太多时间的情况。）接下来，我将结合业界动向，为您说明为什么今后非常需要这么高的配置……（抓住了对方可能感兴趣的点。）

电信企业出席人员 A 心想：……说到了点子上。我想知道的正是今后业界动向与这个服务器之间的匹配性。这是一项大投资，一旦投资方向出现错误，那可是致命的危险……

梅木：……鉴于上述业界潮流，现在被广为使用的服务器规格将在数年后完全无法使用……（明确指出可能对对方而言非常重要的问题。）

电信企业出席人员 B 心想：……真的正在发生这样的变化吗？果真如此，那可就糟糕了。不过，就算情况如此，这款服务器果真是最好的吗？

梅木：……在此种环境变化之下，我们非常自豪地认为，可以从品种众多的机种中加以选择的本公司的“Behind-Stage-NGN900”将成为性价比最高的解决方案。与其他公司同一档次的机器相比，我相信您能够了解我公司这款服务器的独特之处。例如，与 MBI 公司的“Blade-Outer-TH”系列相比较的话……（以率先抓住对方心存疑问的形式加以回应，正在流畅地促使对方心中发生预期的变化。）

电信企业出席人员 C 心想：……确实，这么说这一款服务器可能更好一些，不过，这是公司对自己产品的评价啊，肯定不会往坏处说的……

梅木：……本公司产品在领先日本 10 年的美国也备受好评。例如，各位熟知的 UST & T 公司也引进了我公司产品，托各位的福，报告显示，该公司对我公司产品特别满意……基于以上原因，在根据业界变化保持各位的竞争优势方面，我们充满自信地向您推荐“下一代电信级网络通信服务器”（Behind-Stage-NGN900）。（将自身建议定位为解决对方问题的方案。）希望各位务必予以考虑……

电信企业出席人员 D 心想：……原来如此。这是为了防止将来成为失败者而采取的预防之策啊。或许我们应该研究一下。实际演示单元也得参加。

第2章

三种类型的问题各有演示方法和解决方案

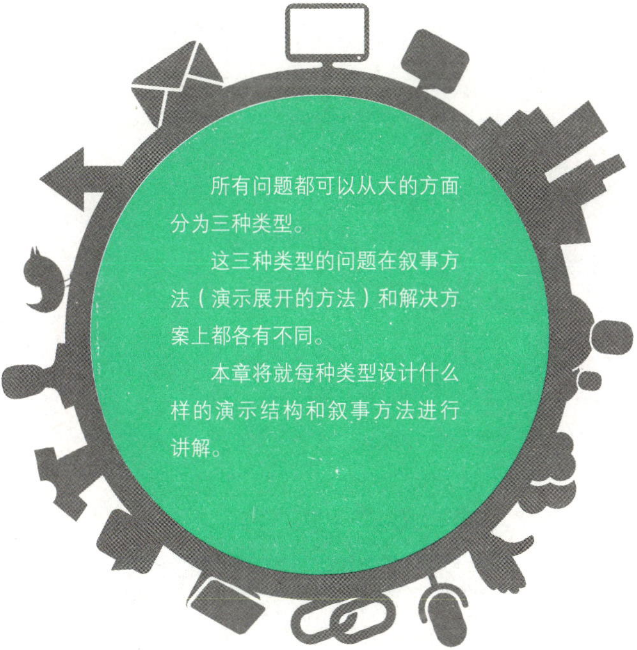

所有问题都可以从大的方面分为三种类型。

这三种类型的问题在叙事方法（演示展开的方法）和解决方案上都各有不同。

本章将就每种类型设计什么样的演示结构和叙事方法进行讲解。

确定问题类型

关键点

• 对方面临的问题大致分为三种类型：恢复原状型、预防潜在问题型、追求理想型。

• 根据问题类型不同，在演示时要选择不同的叙事方法。针对以上三种问题类型，可选择的叙事方法亦分为恢复原状型叙事、预防潜在问题型叙事、追求理想型叙事。

• 根据对方的问题类型确定恰当的叙事结构，这是铁的法则。

定义问题类型

所有问题都可以分为恢复原状型、预防潜在问题型、追求理想型三种类型（依据 TH 法）。只要将对方面临的问题作为这三种类型中的一种加以把握，问题本身就会显而易见，也就容易找到解决之策。

首先是恢复原状型，它是指不利情况已经显现出来、发生了损坏的一类问题，例如，销量锐减、感冒了、汽车发生故障了等。只要恢复原状就等于解决了问题。社会上通常所说的“问题”，很多情况下指的都是这种恢复原状型问题。

其次是预防潜在问题型，它指的是尽管不利情况尚未显露出来，但一旦任其发展，情况就会变得很糟的问题，往往都伴有紧急属性。例如少子化继续发展会导致年金制度崩溃；再不开发气源就会导致煤气不足；访客持续增加信息系统将会瘫痪等，都属于此类问题。对于这种问题，维持原状，使之不发生损坏就等于解决了问题。

最后是追求理想型，它指的是既没有发生损坏，置之不理也无妨的问题。之所以称之为问题，是由于它还有进一步改善的可能性。理想和现实之间存在差距，也就是说，这是一种有改善余地的问题，实现理想状态便是解决了问题。

问题类型不同，叙事方法也不同

只有准确认清对方面临的问题的类型，才能选择恰当的叙事方法。

如果是恢复原状型问题，那么叙事涵盖的内容如下：

（1）把握到底发生了什么样的不利情况。（把握现状）

（2）根据需要将损失控制在最小限度。（应急处理）

（3）弄清楚原因是什么。（查明原因）

（4）思考如何加以纠正。（根本措施）

（5）思考对策以防止损坏再度发生。（防止再度发生）

如果是预防潜在问题型，那么叙事涵盖的内容如下：

（1）设想问题一旦出现将产生何种不利情况。（设

想不利情况）

（2）查明可能发生该种不利情况的诱因。（查明诱因）

（3）思考预防不利情况发生之策。（预防策略）

（4）思考发生不利情况时的对策。（一旦发生时的应对之策）

如果是追求理想型问题，那么叙事涵盖的内容如下：

（1）解析对象事物的优势与劣势。（盘点家底）

（2）确定追求的理想＝目标。（确定理想）

（3）思考用于实现理想的策略。（实施策略）

在实际的演示当中，根据不同问题类型，按顺序对问题进行展开即可。

从下一节开始，笔者将对这三种问题类型逐一进行讲解。

问题类型的把握需要与对方的认识相吻合

在思考对方面临的问题属于哪种类型时，有时对方与我方之间会存在认知上的偏差。这时我们需要让自己的判断与对方的认知相吻合，这一点十分重要。

例如，即使演示者确信不利情况已经明确显露出来，但如果对方完全没有这种认知，他们肯定听不进去。

在此种情况下，与其将其作为恢复原状型问题，赤裸裸地要求对方认识到损坏已经发生，还不如将其作为预防潜在问题型或者追求理想型加以对待更为有效。

在认定问题类型时，一旦演示者与对方的认知压根儿不在同一波段上，那么说服力将显著下降，这一点尤其需要注意。

失败案例

确定问题类型

小田岛在一家大型金融机构负责法人业务。他正在向交易方中坚上市制造企业的经营管理层建议其回购自己公司股票。他与对方在问题类型的认知上似乎存在出入。

小田岛：（讲解了 15 分钟以后）正如前面所讲，按照财务理论计算的话，贵公司对股东的整体回报显著低于原本的数值，而且股价也大幅低于从 CAPM（资本资产定价模型）中算出的理论数值……WACC（加权平均资本成本）也处于高位，这可是很大的一个问题。

经营管理层 A 心想：……讲得真够长的……说了半天，最后说我们股价过低？这家伙究竟在说什么！这半年来，我们的股价不是一直在稳步上扬吗？本来你提什么财务理论，我就完全搞不懂是什么东西……什么 CAPM，什么 WACC，都是些什么东西？我对财务的理解也就是 ROE（净资产收益率）和股利支付率而已。

小田岛：因此，为打破此种局面，我们建议贵公司尽快回购自己公司股票，对股东予以回馈……事态紧急，刻不容缓……

经营管理层 B 心想：……你让我们购买自己的股票回馈股东？为什么？有这个必要？竟然说我们对股东的回报率过低?！我可一次都没听到过股东发牢骚……我们也一直坚持在分红……为什么非买入自己公司股票不可？

小田岛：原本来说，鉴于股票回购与认股权的赋予等方面的限制，购买自己公司股票的目的迄今为止一直受限，不过通过 2001 年的商法修订，企业不必明确目的即可作为库存股加以持有。不仅如此，通过 2003 年的商法修订……

社长心想：

说了一大堆让我们购买自己公司股票的建议，这个家伙什么也不懂……根本一点问题没有……只是他们想通过我们购买自己公司股票捞取手续费吧……对了，一直和其他金融机构谈的那个并购案怎么样了……

社长打断演示：

不好意思，我忽然想起一件急事，今天的演示就到这里吧。如果有需要，我们会与贵公司联系……今天就请回吧。

小田岛：

啊？好的……谢谢……

问题出在哪里?

难得的演示机会被对方公司社长叫停了。不仅如此，从气氛上来看，对方可能不再信任小田岛。

× 对方并没有将现状看作恢复原状型问题

小田岛从一开始就是将对方的现状当作不利情况已经显露的“恢复原状型”问题来对待了。

可是对方却认为，无论是股东分红还是在股价方面都不存在问题。对方认为分红照常进行，股价也很平稳，没有听到股东有明显的批评声音，所以忽然被小田岛冷不防地指出损坏已经发生，对方肯定难以接受。

× 在说服对方相信损坏“已经发生”时过于勉强

在问题类型的认知这一根本问题都不一致的情况下，小田岛十分卖力气地说服对方相信问题十分严重。而且用到了“事态紧急”“显著低于”“问题严重”“刻不容缓”等煽动不安情绪的耸人听闻的表达方式。此种表达方式用得过多，反倒会让对方产生应激反应，认为是无稽之谈。

× 讲解内容难懂，无视对方的接受能力

精通金融和企业财务的小田岛所做的专业讲解超出了对方的理解能力。因此，非但没有得到对方理解，还招致了反感。

虽说是经营管理层，也并非所有人都具备超过一般水平的金融与财务专业知识。配合对方的知识水平进行讲解是演示者的义务。

成功案例　确定问题类型

小田岛：……上面围绕今年贵公司的股价和股东政策，阐释了我们的见解。作为结论来说，贵公司在 ROE、每股收益、分红政策、股价走势方面，无论哪一项都处于很高水准……

经营管理层 A 心想：……说得很对。如今必须采取重视股东的经营策略，这一点就连多年负责生产工作的我都明白。正因为如此，过了 50 岁我还在偷偷学习 ROE 和股利支付率什么的……
（可以看出小田岛对现状的认识与对方是一致的。另外，讲解内容也与对方的财务知识水平相吻合。）

小田岛：……贵公司的出色业绩自不用说，从中可以看出贵公司在经营方面十分重视股东权益。

经营管理层 B 心想：

……这家金融机构看样子非常了解我们公司的情况嘛……我们对事业与财务同等看重……
（现实当中并非已经出现了不利情况，在这一点上与对方达成了共识。）

小田岛：

……事实上，这次在对贵公司进行分析的过程中，我们发现了面向今后值得注意的地方。从如今很多机构投资者和证券咨询师正在使用的财务理论来说，贵公司在重视股东这一点上，还有不少可以改善之处……（可以看出，演示者正在巧妙地配合对方的现状认识，将该问题作为“预防潜在问题型”问题来看待。以“可以改善”对该问题进行委婉的包装，采取的是靠近“追求理想型”的表达方式，这一点实在妙不可言。）

社长心想：

我公司虽然重视股东，但恐怕确实并不完美。原来想的是没意思的话就中途走开，看样子或许应该接着听下去……

恢复原状型叙事

关键点

- 恢复原状型叙事是指将已经显现的不利情况恢复到原有状态，也就是所谓的修理损坏了的事物。
- 查明原因和采取根本措施是恢复原状型叙事的关键。
- 可以根据需要将应急处置与预防再次发生之策加入叙事中去。

修理损坏了的事物

恢复原状型叙事是指消除已经显现的不利情况，也就是使情况复原，即所说的修理损坏了的事物的展开方式。前面已经讲过，这种叙事涵盖的内容有以下 5 个方面：

（1）把握到底发生了什么样的不利情况。（把握现状）

（2）根据需要将损失控制在最小限度。（应急处理）

（3）弄清楚原因是什么。（查明原因）

（4）思考如何加以纠正。（根本措施）

（5）思考对策以防止损坏再度发生。（防止再度发生）

准确查明原因，实施针对性的根本措施

原本，恢复原状型问题的最终解决方案就在于使情况恢复如初。

为此，我们需要弄清楚是什么导致了不利情况的出现（查明原因），又该如何使其恢复原有状态（根本措施），这两点格外重要。还有，对发生了何种损坏的认识，亦即把握现状与查明原因通常需要连续作业。

通常来说，在很多情况下，查明原因有助于实施针对性措施，但如果一时无法查明原因，则只能以现有状态为前提考虑应该采取何种应急措施。

根据需要，加入应急处置与预防再度发生之策

要将应急处置和预防再度发生之策根据需要加入叙事当中。特别是在某些情况下，应急处置会成为最优先措施。

例如发生火灾时，现场的最优先措施是，尽可能迅速控制损失，也就是采取灭火作业这一应急措施。这个时候不应该把主要精力放在查明火灾原因上。当然，查明原因在进行应急处置时发挥重要作用的情况也不是没有。

然后，在已经成功恢复原状时，提出将预防再次发生作为重要策略。

恢复原状型叙事案例

下面我们来看一下恢复原状型叙事的案例。该案例

讲的是在需求饱和与外来冲击的双重作用下，国内市场转为负增长，不利情况已经显现，该公司采取了将损坏的事物恢复原状的解决方案。

> 我公司在国内市场实现了稳步增长，可是近几年却陷入了负增长。（把握现状）
>
> 不仅市场处于饱和状态，还有次贷危机、东日本大地震的影响，诸多因素造成需求下降，这是最大的原因。（查明原因。这些都是难以排除的原因）
>
> 尽管正在努力尝试通过改良产品唤起市场需求，但目前还没有取得明显效果。（应急措施）
>
> 在此环境下，为了使我公司重返增长路线，我们还有通过多种经营进一步开拓国内市场这一策略可选择。不过，能够发挥我公司独特优势的其他领域十分有限，并且这些领域已经处于进入壁垒极高的垄断状态。为此，我公司应该考虑通过进入可以预见今后有望高速增长的亚洲市场，以挽回销售额的增长。（包含代替方案的评价在内的根本措施）
>
> 届时，从缩短启动周期的观点出发，通过收购当地优良企业而进入当地市场的方式值得我们研

究。（有关根本措施的实施方案）

同时，从维持今后可持续增长的观点来看，进军欧洲市场的战略也值得我公司考虑。（预防再度发生的策略）

示例

恢复原状型叙事

定森在一家大型食品制造企业的饮料部门工作。他现在正在经营会议上就主打产品“上升饮料”打翻身仗的战略进行演示。

定森：（一边参照资料）各位都知道，我公司的主打产品“上升饮料”尽管略有苦味，但由于属于特定保健饮品，所以销售情况一度十分乐观。不过令人担心的是，从三个月之前开始，其销售额就开始呈急速下降趋势。（把握现状）

执行董事A心想：情况好像确实如此。与我的认识是一致的。作为对现状的把握，能够实现共享……可是有关销售额下降原因的汇报我还没有听到……

定森：事实上，市场占有率是从半年前被

竞争对手——永可丽公司投入市场的“充足饮料”抢走的，这是很重要的一个原因。“充足饮料”不仅是特定保健饮品，而且喝起来口感好。（查明原因）

执行董事 B 心想：

原因原来又是永可丽啊……“上升饮料”尽管具有强身健体的功效，可是味道方面确实不敢恭维。尽管也存在喝习惯以后上瘾的核心饮用者……

执行董事 C 心想：

虽然原因很清楚了，可是让竞争对手永可丽停止“充足饮料”的销售是不可能的。也就是说，尽管确定了直接原因，可是消除这个原因本身却是不可能的。接下来就看如何打翻身仗了……

定森：

为了提振“上升饮料”系列的销售额，在此，我提议作为其衍生产品，向市场投入“轻型上升饮料”。（根本措施）

执行董事 B 心想：

投入新产品？这是不是有点太草率了？会不会抢走现有产品的客户呢？这个方案能成为根本解决方案吗？

定森：

在用原创系列产品留住喜欢苦味的核心消费者的同时，通过投入“轻型”，不仅可以夺回流向“充足饮料”的消费者，而且可以唤起消费者新的需求。

执行董事 C 心想：

原来如此。真正的原因与其说在于“充足饮料”本身，不如说是难以满足所有消费者的“苦味”，所以“轻型”也就有望成为解决问题的根本举措……

定森：

我认为，今后我们还有必要考虑推出“极轻型”和“超轻型”产品。因为据说德多饮料公司也将发布“战斗品牌”……

执行董事 B 心想：

当然德多也会对我们发起攻势。若不提前采取行动，市场又要被抢走了。“极轻型”和“超轻型”说起来也就是防止不利情况再次发生的策略了。不过，二者当中哪个味道应该更淡一些呢……

执行董事 A 心想：

是不是应该一并采取应急措施呢？比如附带赠品或者举办促销活动什么的……总之，“极轻型”和“超轻型”哪个味道应该更淡一些呢……

预防潜在问题型叙事

关键点

• 预防潜在问题型叙事的关键在于避免可以预想到的问题的出现。

• 预防策略和查明诱因是预防潜在问题型叙事的重要措施。

• 危机真正发生时容易忘记的应对之策也要事先安排好。

预防的目的在于“使之不发生损坏”

我们要预防尽管尚未发生，但是一旦任其发展就会出现糟糕情况的、潜在的不利情况。也就是说，“使之不发生损坏”就是预防潜在问题型叙事的目的。随着时间推移，危机会一步步逼近，所以往往带有紧迫性。这种叙事方法内容有如下 4 点：

（1）设想一旦发生将会产生的不利情况。（设想不利情况）

（2）查明可能发生该种不利情况的诱因。（查明诱因）

（3）思考预防不利情况发生之策。（预防策略）

（4）思考发生不利情况时的对策。（发生时的应对之策）

除了上述形式，还有一种形式是，首先说明现状趋势中能够观察到的诱因，然后在其延长线上提出预想有可能发生的不利情况，也就是（2）→（1）→（3）→（4）的顺序。

预防策略与查明诱因十分重要

维持现状是预防潜在问题型叙事的目的。所以，这种叙事方式是以可预知的不利情况十分严重为前提条件提出“预防策略”并“查明诱因”的。

通常来说，预防策略以消除造成不利情况的各个诱因的形式来设计。

例如，为将汽车打滑事故（预想的不利情况）防患于未然，可以更换凹槽磨平了（诱因）的轮胎（预防策略）。

容易忘记的“发生时的应对之策”也要提前准备好

将不利情况完全排除掉的完美预防策略几乎不存在。事实上，尽管采取了预防策略，不利情况有时还是会发生。

所以，有必要事先想好一旦发生不利情况时的应对之策。

“预防策略”最终只能降低不利情况的发生概率。与之相对，“发生时的应对之策”则用来在不利情况发生以后将损失控制在最小。带雨伞是为了下雨天不被淋湿，准备毛巾则是为淋湿这一不利情况发生所做的应对之策。后者往往容易被忘记，所以有必要提前想到。

预防潜在问题型叙事案例

下面是一个预防潜在问题型的叙事案例。如前所述，我们在想好预防策略的同时，也要根据需要提前准备万一发生不利情况时的应对之策。

> 本公司凭借良好的产品品质和高定价策略连续多年实现了业绩稳步增长。不过，展望将来，可以预见会出现低速增长期。（设想不利情况）
>
> 这是因为高端市场已经显露出饱和的迹象。（查明诱因）
>
> 因此，为了维持迄今为止的稳定经营状态，我认为，已经到了向高端市场投放新品牌，同时考虑进军大众市场的时候。（预防策略）
>
> 另外，根据这些战略的效果，开拓海外市场和通过收购其他公司扩大市场份额的策略也值得考虑。（在预防策略开展不顺利，不利情况发生时的应对之策。如果开展顺利，就将其定位为追求更大增长业绩的追求理想型问题的解决方案）

示例 **预防潜在问题型叙事**

松本在一家业绩稳步增长的网购公司负责信息系统。在公司内部会议上，他正在向田中社长做有关今后系统战略的演示。

松本：借崭新的市场营销战略取得成功的东风，日本田中网购公司的业绩正在稳步增长。

田中社长心想：是的，没错。指挥实施这一市场营销战略的不是别人，正是我……

松本：指挥实施这一市场营销战略的不是别人，正是社长您本人……我们认为，特别是社长独特的演示风格才使得营销战略取得了成功。

田中社长：（高声说道）你能明白这一点很好。哈哈哈哈……

松本：不过，社长，继续这样发展下去的话，可以预见在不远的将来，最晚也就是半年以后，现在的顾客管理系统就会陷入瘫痪。（预想不利情况）

田中社长：真的吗？顾客管理是本公司的重要工作。系统瘫痪可以说是公司最糟糕的不利情况。无论如何你也要避免出现这种情况。

松本：好的，明白了。所以今天，为了尽快获得社长对于实施系统扩展这一预防策略的认可，请您抽出宝贵的时间看下这份资料。下面请您参照资料的第 8 页，我们首先提出扩展系统的替代方案，然后提出了有关评价和建议。

田中社长：明白了。你就往前推进吧……还有，我不是不信任你松本，完美无缺的预防策略在任何情况下都很困难，系统也不例外。你还要想好一旦系统发生瘫痪的情况，然后给我扎扎实实地做好不利情况发生时的应对之策。

松本：这一点我明白。在确认顾客数据备份机制的同时，我将选定一旦不利情况发生时可以马上向其订购服务的外部委托企业。另外，我也在计划开展模拟训练，希望能够一并得到您的批准。下面请允许我为您做详细讲解。

田中社长：好的，拜托了！

追求理想型叙事

关键点

- 追求理想型叙事采取填补现状与理想之间差距的方式。
- 在客观看待对象的基础上，设定符合现实的理想很重要。
- 倘若没有周密细致的实施方案，理想也将毫无用处。

追求理想型叙事强调的是“应该可以做得更好”

置之不理也毫无妨碍，但是可以做到更好。理想与现状之间总是存在差距。

通过填补这一差距来实现理想的方法就是追求理想型叙事。

这种叙事的内容有：

（1）解析对象事物的优势与劣势。（盘点家底）

（2）确定要追求的理想 = 目标。（确定理想）

（3）思考用于实现理想的策略。（实施策略）

盘点家底是一种比喻性的说法，也就是指，对包括环境分析在内的对象的具体情况加以认识。例如，如果是企业的话，那么就要围绕“自己公司、竞争企业、顾客（市场）、流通”等各个要素，分析其优势、劣势和机会、威胁等。如果是实施管制的行业，就要包括对政府主管部门动向的分析。

在客观看待对象的基础上，设定符合现实的理想很重要

那么，我们应以何处为目标呢？目标（理想）太远

太高的话，人有可能从一开始就会灰心丧气。目标太近太低又无法激起人的挑战精神。

合适的目标设定需要以冷静的目光观察自己拥有的实力。然后再去设定能够接受的目标，这一点十分关键。

在没有登山经验、体力也不尽如人意的情况下就以“一年以后征服珠穆朗玛峰”为目标，恐怕没什么说服力。如果以能够坐车到半山腰（五合目）然后再登顶富士山为目标可能会更现实一些。

另外，理想当中，既有诸如“以更高的增长为目标”这样的一般表达方式，也有像“今后一年要增加30%销售额”这样具体的表达。按照时间先后顺序提出多个目标也是可能的。

倘若没有周密细致的实施方案，理想也将毫无用处

即使设定了合适的目标，如果不能采取有效手段切实加以实行，那么也将无法达成目标。所以，在这种叙事当中，必须要有切实达成目标的周密细致的实施方案。

一般实施方案的要素有：

（1）设定期限。

（2）设定实现目标不可或缺的要件。

（3）学习技能和知识。

（4）制定进度表。

还有，前面的故事展开中出现的“应急处置”“根本措施”“防止再次发生之策”“预防策略”“发生时的应对之策”也全部都是在这些要素的基础上进行构建的。

下面是一个追求理想型的叙事案例。

> 进公司7年以来，我的工作从来没有出过差错和闪失，也获得了相应的好评。公司本身也十分稳定，所以我不担心自己被长期雇用的问题。为此，为实现进一步飞跃，我想取得MBA（工商管理硕士）学位。（确定理想）
>
> 我并不讨厌学习，也有一定的知识储备。应该也能获得丈夫的赞成。我还没有小孩，也有一定的空余时间。只是，考虑到现状，我需要离职或停职才能去海外留学，这对我来说很困难。（盘点家底）

这样一来，利用夜间和周末开班的面向在职人士的商学院可能更适合我。特别是如果是公立的，学费也很便宜，也可以更有保证。我想尽早拿到宣传册，开始准备应对考试。对了，我听说筑叶大学研究生院有英语的MBA课程，还能学习英语，可谓一举两得……（包含了具体目标在内的实施方案）

示例

追求理想型叙事

石上是上市风险企业石上公司的社长。为了实现公司的进一步发展，他正在计划做企业并购。今天，他面向主要股东做重要的演示。

石上社长：今天请各位主要股东前来，是为了向大家说明我们石上公司为实现进一步发展而采取的收购战略。

主要股东 A 心想：在当前表现稳定的条件下，提出更进一步的增长战略，值得信赖……

石上社长：各位都知道，本公司十几年前以风险企业起家。托各位的福，本公司发展顺利，7 年前成功上市。在企业面临严峻环境的条件下，我们准备通过充分发挥自身优势，努力实现更大的飞跃。（整体上的理想设定）

主要股东 B 心想：

作为股东我没有任何怨言，不过企业对国内市场依存度过高这一点确实让人多少有些担心。

石上社长：

为了继续实现重视股东的经营和更大的发展，我认为，通过对主要零部件订货方身乐瑠零部件株式会社的收购，实现主要零件自己生产，会对公司非常有好处。（确定更为具体的目标）

主要股东 C 心想：

哺！原来要收购身乐瑠零部件公司啊，这可是大手笔……

石上社长：

将身乐瑠零部件株式会社纳入旗下，有利于进一步充实我公司的产品种类。

主要股东 A 心想：

收购身乐瑠公司的话，确实有可能与石上公司实现相乘效果……

石上社长：

同时，通过本次收购，我公司准备进

一步加大对经济增长显著的中国市场的开拓力度。

主要股东 B 心想：

果然，要实现更大发展，还得依靠中国市场……不过，真的能够将身乐瑠零部件公司纳入旗下吗……

石上社长：

该项收购是十分有可能实现的战略。本公司迄今为止已成功实现了五次收购案例，尽管与本次收购相比规模小一些……另外在中国市场上，上海、北京自不待言，我们在长春、重庆、广州等地也都设有基地。来自中国市场的销售额也占到了全部销售额的 17%。（盘点家底）

主要股东 C 心想：

可是，若收购身乐瑠公司，与前几次相比情况很不同，规模毕竟大了许多。

石上社长：

为实施该项战略，我们已经取得了大型银行东都五菱 UFA 银行的全面合作。我们准备与身乐瑠公司迅速

开展收购提案谈判。这次收购以股票互换的形式进行。（实施方案）
下面，由我公司多多良董事兼事业本部部长为大家介绍详细情况……

一切叙事都要从实际出发

关键点

- 可将特定的问题类型置于叙事的主轴位置。
- 针对“重大情况”进行提案适宜采用预防潜在问题型叙事。
- 面向领导层和投资者的提案及团队问题，适合采用追求理想型叙事。
- 还可组合采用不同的叙事类型。
- “消除机会损失型叙事”有时也很有效。

可将特定的问题类型置于叙事的主轴位置

无论什么样的情况与现象，都可以用TH法所说的三种问题类型加以解释。然而，根据观察者视角的不同，切入点（问题类型）也会有所不同。

从设计更容易让人理解的演示的观点来看，选择三种类型中的一个作为叙事的主轴十分重要。

在选择的标准方面，我们需要重视的是对方对于问题的认识，关于这一点，我们已经在之前讲过。

“重大情况”适宜采用预防潜在问题型叙事

如果是就重大情况进行提案，将预防潜在问题型叙事置于演示的主轴位置非常有效。这是因为，在紧急性和性价比两方面都更容易被对方接受。

对于预防潜在问题型，如果搁置问题会变得很糟糕，就将其作为紧急情况提醒对方；如果问题的紧急程度尚处于可控范围之内，就可以在预算给定的情况下向对方说明“可以得到与之相符的效果”。

此外，对于恢复原状型问题，在很多情况下不利情况的程度是有限的，所以在重大情况下难以操作。还有，由于缺乏紧迫性，追求理想型问题容易被搁置或推延。

“面向领导层和投资者的提案”适宜采用追求理想型叙事

领导层和投资者希望听到积极向上的企业增长战略提案，也就是“资本价值故事”。最为符合这一人群的是追求理想型叙事。

理想实现以后能够获得的好处在演示阶段也只是“预测”，所以我们可以对这一理想给予非常积极的描绘。与预防潜在问题型叙事相同，追求理想型叙事也有助于将相对于投资费用而言的效果正当化。

如果采用了恢复原状型叙事，就会被认为“采取该举措理所应当”。另外，如果是预防潜在问题型叙事，会煽动不安情绪，在气氛上来说略显消极，所以有可能难以被对方接受。

“团队问题”也适合采用追求理想型叙事

适合采用追求理想型叙事的问题还有一种，那就是团队问题。

简而言之就是有关“人格”的问题。即便团队已经崩溃了这一事实显而易见，如果采用追求理想型叙事的话，就可以避免恢复原状型叙事常有的对于原因的追究，所以考虑到解决问题的效率，前者可以说更好一些。

例如，如果某种器材坏掉了，只要更换了造成该器材损坏的零件即可。可是，到了团队层面就不那么简单了。为什么呢？因为团队的“零件”有人格，“零件”要开始说话了，“我没有坏掉”“坏掉的是其他零件”“将其弄坏的不是我”“是某某人将其弄坏的”。有时还会有“根本没有损坏”的声音出现，从而导致难以形成统一的现状认知。

在处理团队问题时，如果采用追求理想型叙事，那么即使不确定“原因所在”也可以追求理想，可以避免陷入相互推诿责任的困境，以便专心实施相关举措，修理损坏的事物。

还可采用融合多种叙事方式的“组合战术”

恢复原状型叙事致力于修理损坏的事物。不过，仅仅将其恢复原状的话还是有些消极。通过将危机当作机会来把握，这时可以从“使其比以前变得更好”的想法出发，将其发展成追求理想型叙事。

同样的，如果仅仅是对预想到的今后可能出现的不利情况进行预防，仍然不够积极。可以边预防边致力于使其更为完美，也就是说，还可以将预防潜在问题型叙事发展成为追求理想型叙事。

在有些情况下，这种将不同叙事方式进行融合的“组合战术”是非常有用的。

第四种类型——避免损失型叙事

前面我们讲解了三种类型的叙事方式，除此之外，还存在一种避免损失型的叙事方式。

具体来说，它是将现状作为“尽管不存在已显现的实际坏处和令人担心的不利情况，但是现在正面临很好的机会，如果错过将会非常可惜的局面”加以把握的展开方式。

如果是此种类型的话，就会造成一定的紧迫感，从而可以避免拖延。同时，机会损失的大小是以计算出的数额呈现出来的，所以即使是重大情况也更容易得到重视。

演示到何种程度要具体问题具体分析

无论是单一问题类型还是组合类型，叙事中涉及的“问题”因演示的展开范围不同而有所不同。

例如，如果是恢复原状型问题，就有可能是只涉及“把握现状问题”的演示。另外也可能是涉及查明原因的演示。如果是完整版本，那么还会包含根本措施与防止再度发生的对策。

其他类型问题也是一样。在开头部分就向对方交代清楚接下来的演示涉及的问题发展到什么程度，这一点非常重要。

以下是一个避免损失型叙事的案例。

次贷危机和随后发生的东日本大地震造成了需求衰退，之后又发生了严重的日元贬值。尽管经营环境如此严峻，我公司仍然完成了业绩目标。在与其他竞争企业的比较中也保持优势。看上去不存在

任何问题。（概况）

然而，我公司正在蒙受着巨大的机会损失，据测算，每年正在付出高达26亿日元的不必要的成本。（精确计算机会损失数额）

原本在数年前，出于良好初衷引入的JIT[①] 系统过于激进，致使我公司只关注减少库存，结果将我公司的库存成本强加给了处于弱势地位的外部供货企业，导致这些公司要么倒闭，要么只得无奈放弃与我公司的合作，改为与其他公司进行交易。（查明诱因）为此造成我公司生产效率低下，并由此付出了每年26亿日元的成本。

如果以对业绩没有影响为由继续支付这笔不必要的成本，那实在是太浪费了。我们应该尽快对矫枉过正的JIT系统加以重新审视。（根本措施）

---

① JIT：Just In Time生产系统，是一种用于提高经济效率的技术体系，倡导在必要的时候只生产必要数量的必需品。

第3章

更便于信息传递的样式设计

本章将围绕演示使用主流软件 PowerPoint 等，就实际演示中需要注意的问题进行讲解。

关于说明顺序的铁的法则是“结论→理由→结论”。

能够使信息直接而准确地传递给对方的页面将发挥惊人的作用，请大家务必牢牢掌握。

演示的整体构成

关键点

- 以金字塔结构为基本要领。
- 过于精致的动画会产生负面作用。
- 页面配色要恰当。

演示的基本步骤是“结论→理由→结论”

演示的基本步骤是先阐述“结论”，即最想表达的内容，然后说明理由，给结论予以支撑，所以演示的整体结构就是所谓的金字塔结构（见图 3–1）。所谓演示，无非就是将层级呈金字塔状的信息有序地自上而下传递下去的工作。最后对结论加以强调。

这样一来，由于一开始就明确提示“结论 = 最想表达的内容”，所以可以将被人误解的可能性控制到最小。

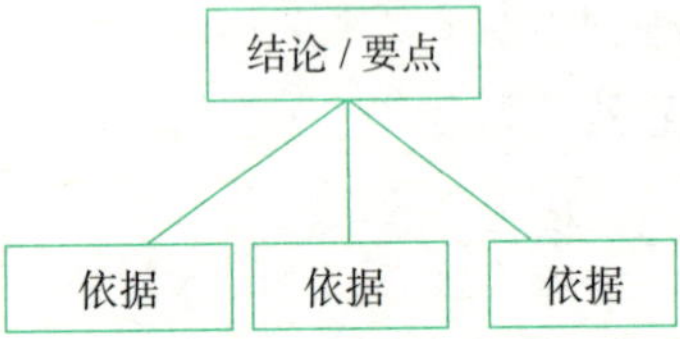
结论 / 要点
依据
依据
依据

图 3–1　演示要遵循的金字塔结构

反之，我们也会经常看到从细枝末节开始讲起，最后阐述结论的形式。但是这样一来会使演示的脉络非常难以把握，因此必须加以避免。

整体结构——下位信息支撑上位信息

我们来看一次具体的演示的整体结构与顺序。

请大家看图 3–2。首先，任何一个演示都要一个封面（①）。

其次，将本次演示的主旨作为“要点”和“摘要”明确列出来（②）。

再次，列出具体的主标题信息（这次想要表达的内容）（③）。支撑这一主标题信息的依据和理由就是多个副标题信息。接下来，由多个支撑信息对各个副标题信息加以支撑（④、⑤、⑥）。还要用“主题”提示该页所写内容。

在此种结构中，演示的所有页面都是由多个（最好 3 个，最多 5 个）下位信息支撑上位信息的区域。

最后，再次提示“结论 = 最想表达的内容”（⑦），再一次向听众阐述演示的主旨所在。听众是非常健忘的，并不会完全记住和理解演示的内容，所以才要再一次阐述“结论 = 最想表达的内容”。

图 3–2 中显示的是最初的副标题信息由 3 个支撑信

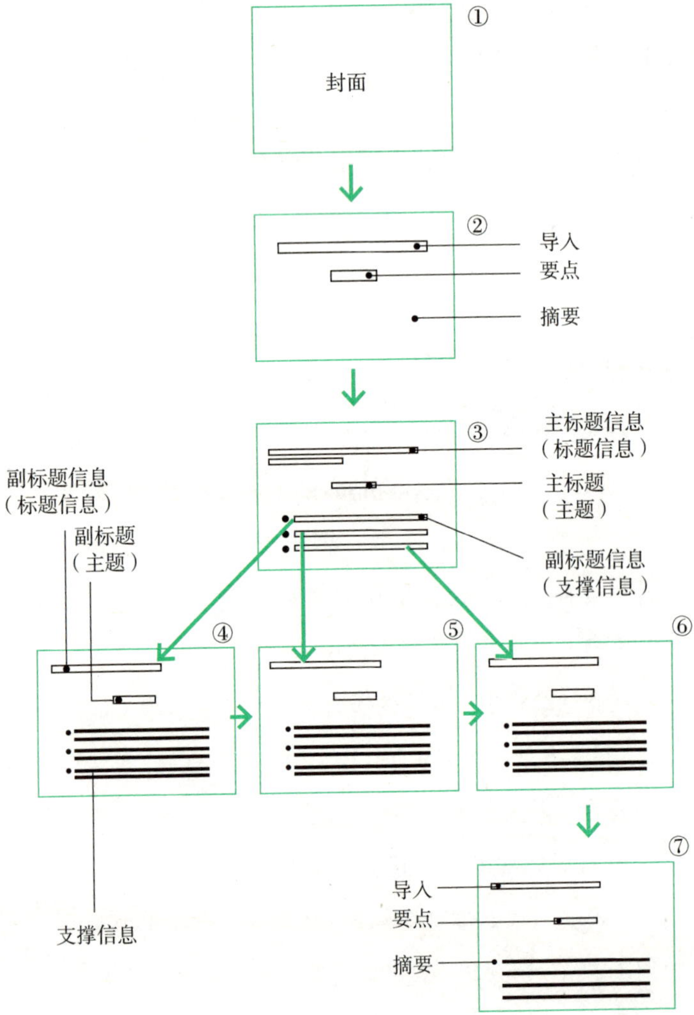
①
封面
②
导入
要点
摘要
③
主标题信息
（标题信息）
主标题
（主题）
副标题信息
（支撑信息）
副标题信息
（标题信息）
副标题
（主题）
④
⑤
⑥
支撑信息
⑦
导入
要点
摘要

图 3–2　演示的基本结构

息来支撑的页面，所以如果以这张图为基础制作演示资料的话，除了封面，将通过 6 个页面来进行表达。

过于精致的动画会起到负面作用

每当演示软件升级的时候，动画功能的选项就会有所增加。即使我们拿 PPT（演示文稿）演示时的“画面切换”这一项来看，其选项就有切出、淡出、推进、擦除、分割、覆盖、展开、溶解等，排成了一长串。另外，在每一个选项下面，还有不同类型的选项。关于“声音”也是如此。

用一句话概括笔者对于使用动画和声音的建议就是“要有所节制”。

在演示当中，有的演示者明显过于追求演示的特效。特别是在进行商务演示时，过度使用动画和声音效果都是禁忌。一旦分散了听众的注意力，就会起到负面效果，甚至可能会惹别人厌恶。因此，在演示中不要过度使用动画和音效。

页面配色要恰当

和动画一样，我们还需要注意配色问题。

使用同色系的多种颜色是配色的基本要领。

如果想得出强烈的对比度，就要使用辅助色。具有代表性的辅助色有红色与绿色。不过，由于这种组合的对比度十分强烈，作为配色容易让看的人感到疲劳，所以需要有节制地使用。另外，黄色与紫色也是能够制造出强烈对比度的辅助色，但是黄色在白底为背景的情况下并不显眼，这一点需要注意。

无论哪种颜色，若全部涂成该种颜色，在视觉上就会让人感觉格外沉重。通过巧妙使用分阶段改变浓度的渐变效果，可以减轻观众的颜色负担。此外，能够使静止画面产生动态感也是渐变的好处之一。

从下一节开始，我们讲解页面的具体制作方法。

文字页面[①]的设计

关键点

- 页面设计的基本要领是遵循金字塔结构。
- 把想要传达的信息作为标题，置于最上面一段。
- 添加主题，将页面作为容器。

---

① 一般称为文本页面。此外，还有使用了图表的图表页面与兼有文字与图表的页面。

一定要将“想在该页传达的信息”放在最上面一段

叙事的基本要领是金字塔结构，演示时的页面设计也是一样。首先要提示“在该页面最想传达的信息”，然后在其下面加入支撑该信息的理由和解说。

因此，第一步要在所有页面的最上面一段的左侧写上“信息”。将在这个页面“最想传达的内容 = 信息”作为该页的标题，用主语和谓语明确的“句子”来标记。我们将其称为标题信息。

非常遗憾的是，大部分演示都不会在页面最上面一段明确写出该页主张。没有这一项，演示将变得非常难懂。我们务必要将标题信息标记在最上面一段。

标题信息的字数一定要控制在两行以内。字号最好控制在 20~30 磅，顺便说一下，笔者通常使用 24 磅字号。如果演示是在电视机屏幕或者电脑那样的小显示器上进行的话，我通常会选用大一点的 30 磅字号。

这种方法是笔者年轻时在咨询公司锻炼出来的重要技能之一。要强调的是，“页面上不应该没有信息。没有信息就意味着该页面没有存在的价值。所以要么加入信息，要么删除该页面”。

加入表示该页面展开范围的“主题”

在标题信息下方加入“主题”。主题将显示该页面阐述的是什么内容。可以将其看作贴在页面这一容器上的“显示内容物的标签”，与通常所说的“标题”相同。

因为是主题，所以作为表达方式来说不是句子，而是名词短语。

一般的形式是“……的……”。例如“关于情况的说明”“关于原因的说明”“提案的内容”“今天的关键点”“其他公司的情况”“上年度的销售情况”“今后的前景”“温度的变化”“商谈件数的推移”“法律修订的实际情况”“受害者救济的动向”等表达方式都可成为主题。

作为参照标准，应以 10 个字为上限。字号最好还是选在 20~30 磅。

在演示中，我们将一个页面看作一个独立的容器，所以需要注意避免出现同一主题跨多个页面的情况。所有页面都要加上不同的主题。

如果一个主题当中信息过多，那么需要通过细化该主题，将其分割为多个页面，也就是多个题目。

加入支持标题信息的“支撑信息”

在加入“标题信息”和“主题”之后，要加入内容——支撑信息。这些支撑信息要使用主语、谓语明确的句子，不提倡单纯列举关键词和词组。

字数的参考标准与标题信息一样，控制在两行以内，字号在20~30磅。支撑信息的数量基本来说是3个，这样更为稳定，最多也要控制在5个以内，一旦超出这个数量，就会显得过密，从而使内容的冲击力减半，难以在听众脑海中留下印象。

支撑信息是支持位于最上面段落的标题信息的内容。

这个支撑信息如果只是列举的话，就会造成前后衔接不畅，内容难以更好地传递给听众。为此，可以通过在句子开头加上准确的关联词语，从而使内容的脉络更好懂，听众的理解程度与满意度也会大幅提升。

文本页面的结构与注意事项如图3–3所示。

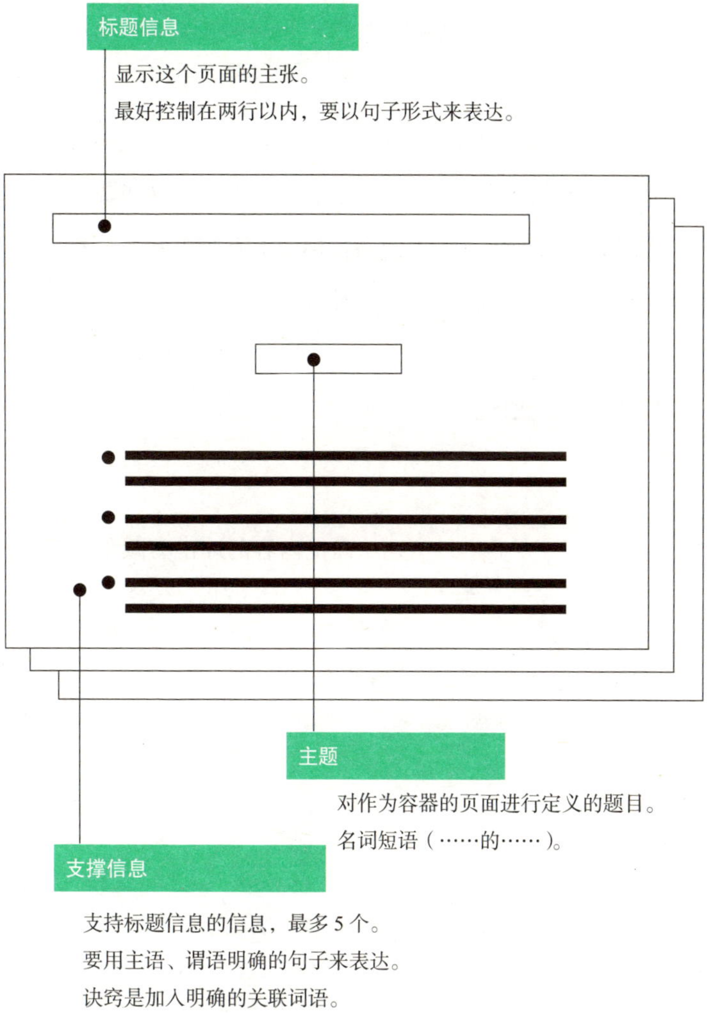
标题信息
显示这个页面的主张。
最好控制在两行以内，要以句子形式来表达。
主题
对作为容器的页面进行定义的题目。
名词短语（……的……）。
支撑信息
支持标题信息的信息，最多5个。
要用主语、谓语明确的句子来表达。
诀窍是加入明确的关联词语。

图 3–3 文本页面的结构与注意事项

所有页面的结构都是相同的

以上内容总结起来说就是，所有页面的结构都可采取“标题信息 + 主题 + 支撑信息”的形式。这些要素根据该页面所处层级的不同而在称谓上有所不同，但基本结构都是一样的，如图 3–4 所示。

图 3–5 至 3–12 给出了文本页面各种情况在改善前和改善后的变化。

基本形式

标题信息

+

主题

+

支撑信息

实际页面的主要部分

主标题信息

+

主标题

+

副标题信息

支撑关键信息的层级

副标题信息

+

副标题

+

支撑信息

图 3–4　文本页面的基本结构

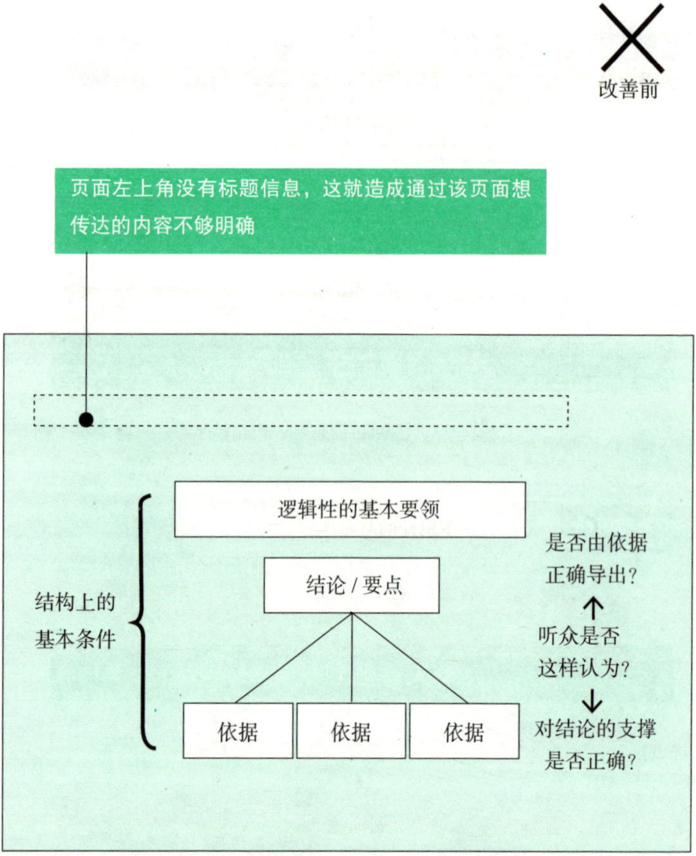
改善前
页面左上角没有标题信息，这就造成通过该页面想传达的内容不够明确
逻辑性的基本要领
结构上的
基本条件
结论 / 要点
依据
依据
依据
是否由依据
正确导出?
听众是否
这样认为?
对结论的支撑
是否正确?

图 3–5　务必加入标题信息（改善前）

○
改善后

页面左上角有标题信息，这就使该页面想表达的内容十分明确

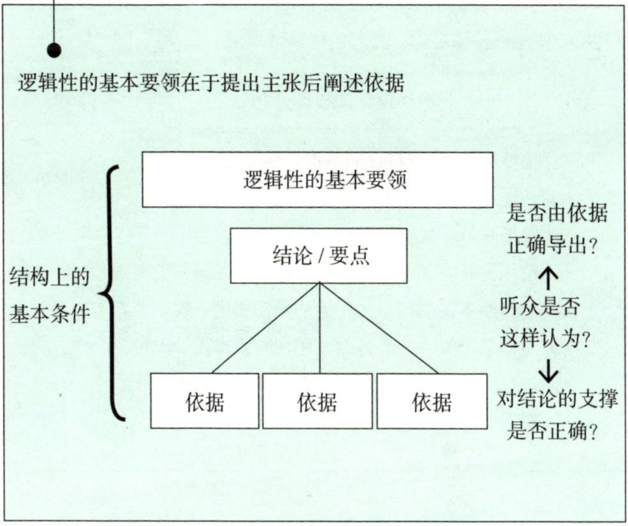
逻辑性的基本要领在于提出主张后阐述依据
逻辑性的基本要领
结论 / 要点
依据
依据
依据
结构上的基本条件
是否由依据正确导出？
听众是否这样认为？
对结论的支撑是否正确？

图 3–6　务必加入标题信息（改善后）

×

改善前

整体上文字过多，标题信息也过长

图形与表格页面信息的展示方式的基本要领也与文字信息相同。不过图表有其需要留意的特殊之处。终归追求简洁即可。

图表设计需要留意之处

- 精简核心信息，避免信息过多
- 对信息进行分类，使关键点条理更为清晰
- 为促进理解，根据需要对原始信息进行加工
- 不使用没有意义的三维图表和不必要的倾斜效果等
- 要使想要表达的信息与图表的形象做到一致
- 要与信息相统一，并且要采用视觉上柔和的配色
- 图表与图示终归需要避免烦琐，追求简洁表达
- 注意不要过于追求动画效果

8 条太多。如果每一个都难以舍弃，可在筛选基础上分成两个页面

图 3–7　信息量大的时候将主题分割为多个页面（改善前）

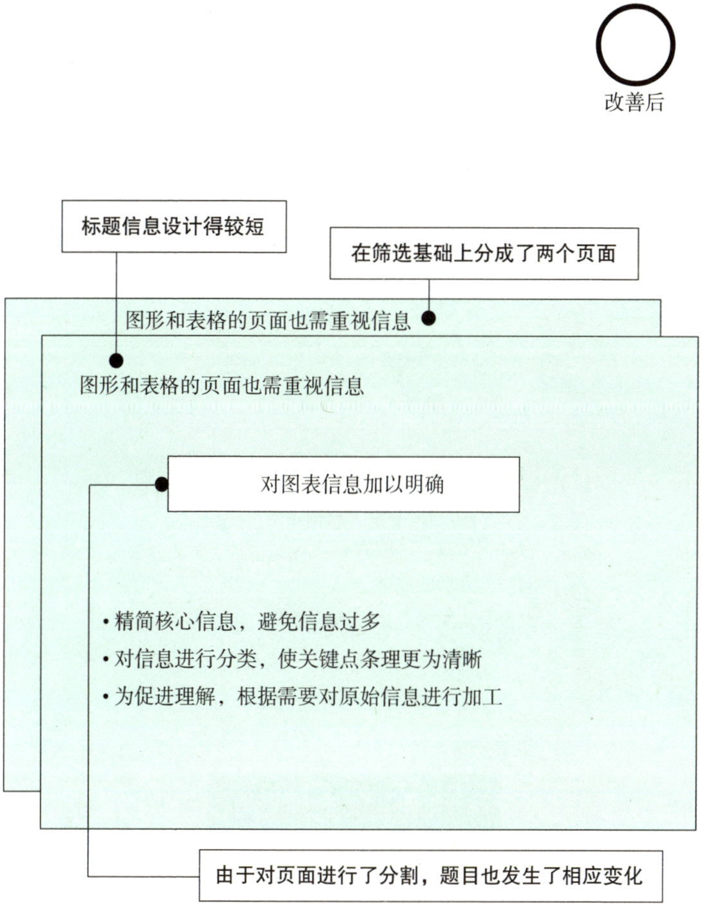
改善后
标题信息设计得较短
在筛选基础上分成了两个页面
图形和表格的页面也需重视信息
图形和表格的页面也需重视信息
对图表信息加以明确
•精简核心信息，避免信息过多
•对信息进行分类，使关键点条理更为清晰
•为促进理解，根据需要对原始信息进行加工
由于对页面进行了分割，题目也发生了相应变化

图 3–8　信息量大的时候将主题分割为多个页面（改善后）

改善前

要制作重视对方的文件，只需检查 5 个关键点

商务文书检查清单

1. 对对方重要的主题的设定
2. 对对方一次性理解的促进
3. 符合逻辑且具体的表达方式
4. 对对方立场的照顾
5. 对符合需要的具体行动的要求

这些都是词组，还不是信息

图 3–9　支撑信息需主语、谓语清晰（改善前）

改善后

要制作重视对方的文件，只需检查5个关键点

商务文书检查清单

1. 注意选择对于对方来说重要的主题
2. 让对方一次性理解我方所要表达的内容
3. 将想说的话进行符合逻辑且具体的表达
4. 表达时要照顾对方立场
5. 根据需要，要求对方采取具体的行动

为有力支持标题信息，变成了主语、谓语清晰的语句

图3–10　支撑信息需主语、谓语清晰（改善后）

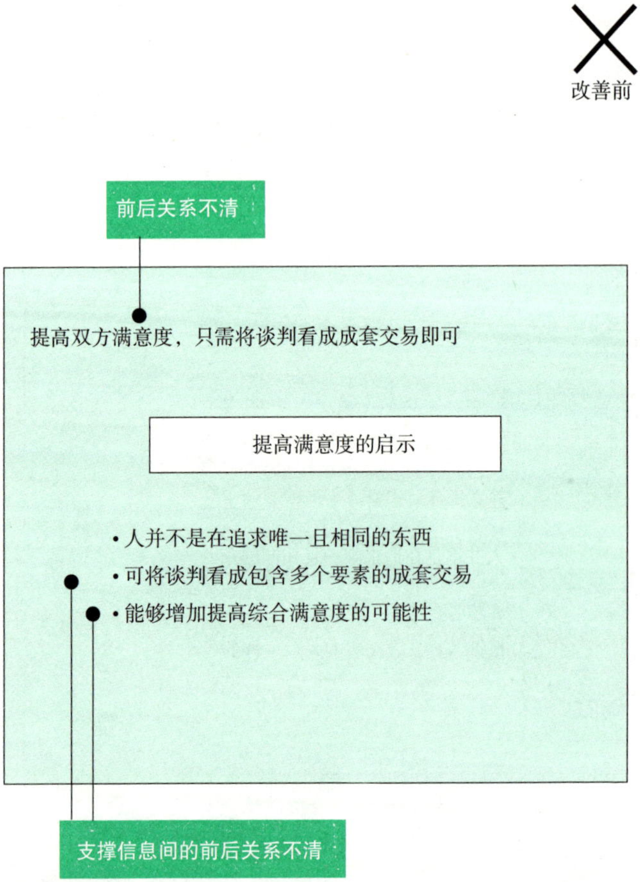
改善前
前后关系不清
提高双方满意度，只需将谈判看成成套交易即可
提高满意度的启示
• 人并不是在追求唯一且相同的东西
• 可将谈判看成包含多个要素的成套交易
• 能够增加提高综合满意度的可能性
支撑信息间的前后关系不清

图 3-11　巧妙使用关联词语，听众更容易跟上演示节奏（改善前）

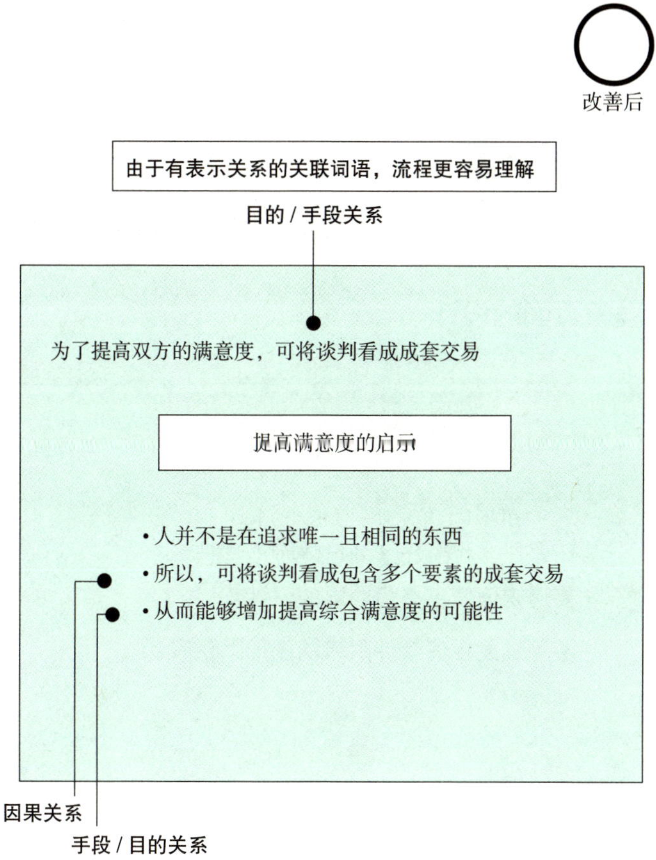
改善后
由于有表示关系的关联词语，流程更容易理解
目的 / 手段关系
为了提高双方的满意度，可将谈判看成成套交易
提高满意度的启示
• 人并不是在追求唯一且相同的东西
• 所以，可将谈判看成包含多个要素的成套交易
• 从而能够增加提高综合满意度的可能性
因果关系
手段 / 目的关系

图 3–12　巧妙使用关联词语，听众更容易跟上演示节奏

（改善后）

图表页面的设计

关键点

- 图形与表格都是标题信息的支撑信息。
- 要追求使信息更为明确的设计。
- 不可过度相信软件附带的图形默认设计。

图形与表格都是标题信息的支撑信息

设计带有图形和表格的页面时，其结构与文本页面一样，只不过在图表页面中，标题信息的支撑信息不再是句子，而是图表。要将标题信息置于最上面的段落，然后将主题置于其下，最后在主题的下方配置图形与表格作为支撑信息。

图形与表格的数量由其复杂程度决定，但最好不要超过 3 个。

追求使信息更为明确的设计

正如文字信息最好是主谓明确的句子一样，图形与表格想要传递的信息做到清楚明了非常重要。希望大家从这一观点出发努力追求更好的设计。

如果一幅线形图上有 10~20 条线，就会让人不知所云。我们应该精选最重要的要素，一幅图上最多不超过 3 条线。即使压缩到 3 条，如果彼此重合在一起还是让人难以理解，那么我们最好将其分为三个图形。

如果想要按时间顺序显示构成比例的变化，我们只需按顺序将高度统一的竖形带状图排列起来即可。千万不要将饼形图横向排列，更不要将同心圆的圆图逐年改变尺寸大小并使之重合在一起，那就变成飞镖靶子了。

除此之外，我们必须站在听众的角度，遵守以下规则，以使演示清楚易懂。

- 如果采用时间顺序排列，就不宜纵向排列，而应横向排列。
- 希望醒目显示的项目可添加阴影。
- 如果是柱形图，需要以升序或者降序等某种顺序加以呈现。
- 用点线表示平均值作为参照。
- 如果想突出变化，就要将变化加大显示。
- 不要将项目名称放得太远，要紧挨线条或柱形图标注。

我们不能忘了，设计的关键始终在于使希望传达的信息清晰明确，让听众容易跟得上演示者的节奏。

图 3–13 至图 3–16 给出了图表页面在各种情况下改善前和改善后的变化。

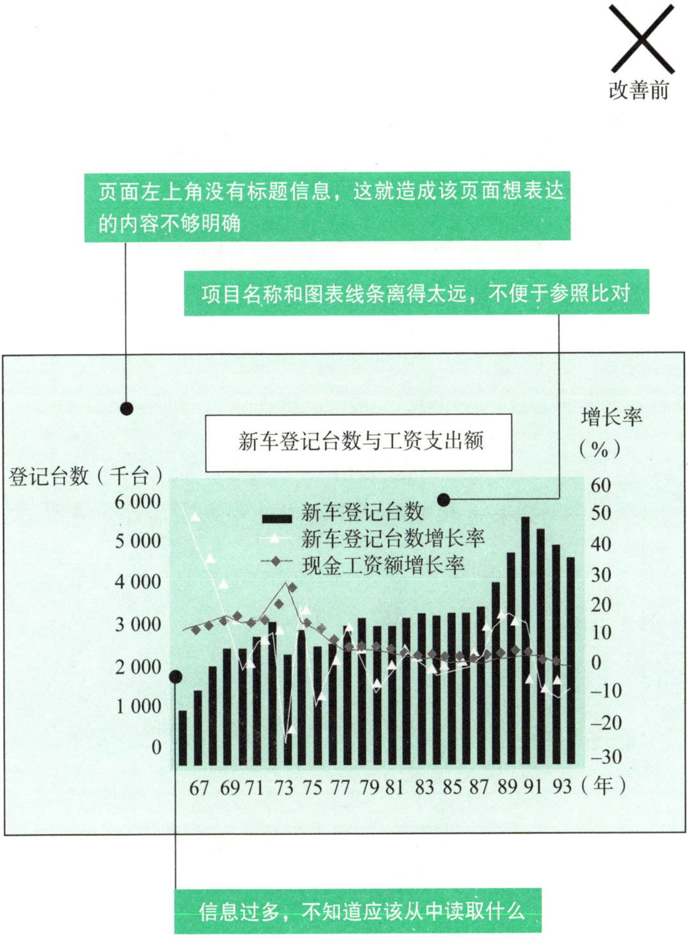
改善前
页面左上角没有标题信息，这就造成该页面想表达的内容不够明确
项目名称和图表线条离得太远，不便于参照比对
新车登记台数与工资支出额
登记台数（千台）
增长率（%）
6 000
5 000
4 000
3 000
2 000
1 000
0
60
50
40
30
20
10
0
−10
−20
−30
新车登记台数
新车登记台数增长率
现金工资额增长率
67 69 71 73 75 77 79 81 83 85 87 89 91 93（年）
信息过多，不知道应该从中读取什么

图3–13　图形与表格都是标题信息的支撑信息（改善前）

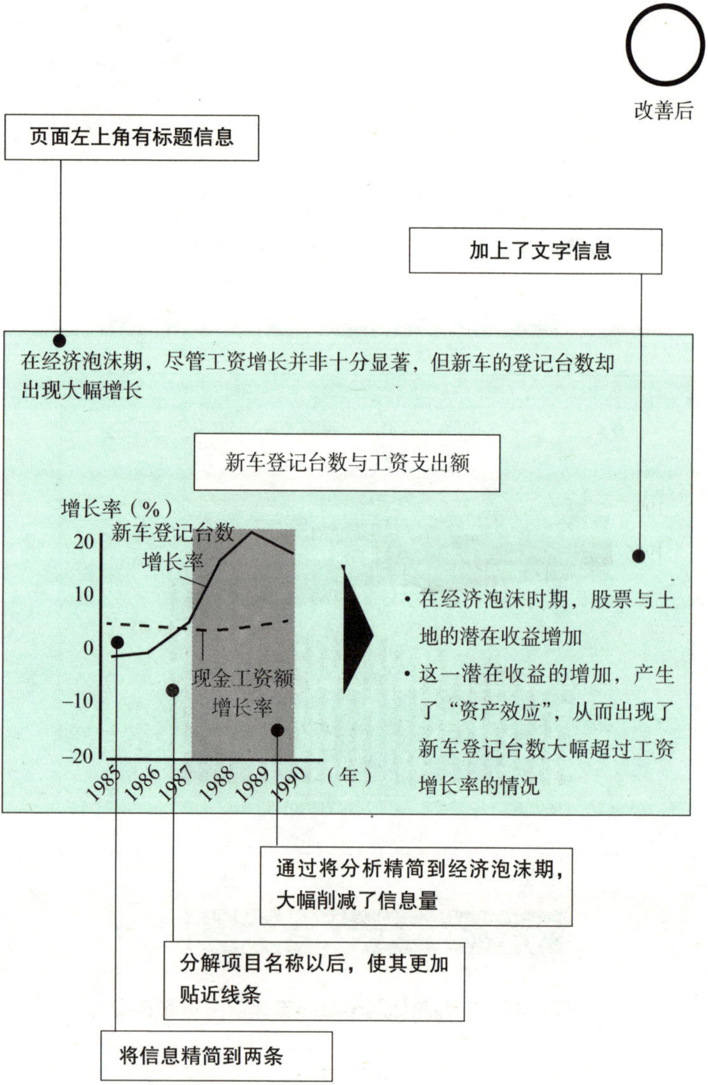
改善后
页面左上角有标题信息
加上了文字信息
在经济泡沫期，尽管工资增长并非十分显著，但新车的登记台数却出现大幅增长
新车登记台数与工资支出额
增长率（%）
20
10
0
–10
–20
新车登记台数增长率
现金工资额增长率
1985
1986
1987
1988
1989
1990
（年）
• 在经济泡沫时期，股票与土地的潜在收益增加
• 这一潜在收益的增加，产生了“资产效应”，从而出现了新车登记台数大幅超过工资增长率的情况
通过将分析精简到经济泡沫期，大幅削减了信息量
分解项目名称以后，使其更加贴近线条
将信息精简到两条

图 3–14　图形与表格都是标题信息的支撑信息（改善后）

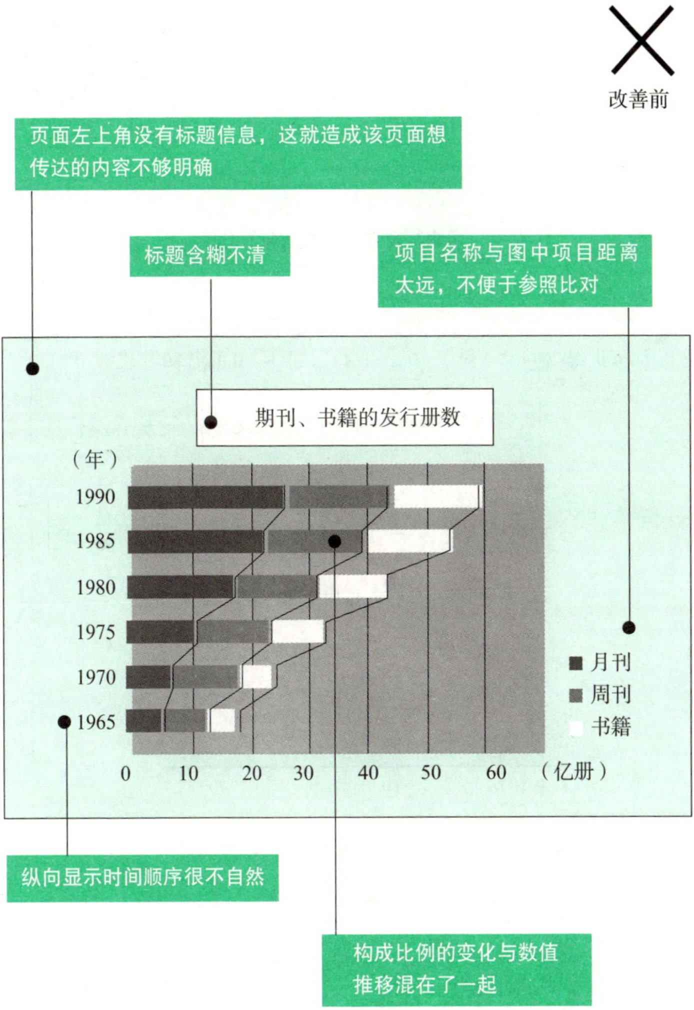
改善前
页面左上角没有标题信息，这就造成该页面想传达的内容不够明确
标题含糊不清
项目名称与图中项目距离太远，不便于参照比对
期刊、书籍的发行册数
（年）
1990
1985
1980
1975
1970
1965
0
10
20
30
40
50
60
（亿册）
月刊
周刊
书籍
纵向显示时间顺序很不自然
构成比例的变化与数值推移混在了一起

图 3–15　追求使信息更为明确的设计（改善前）

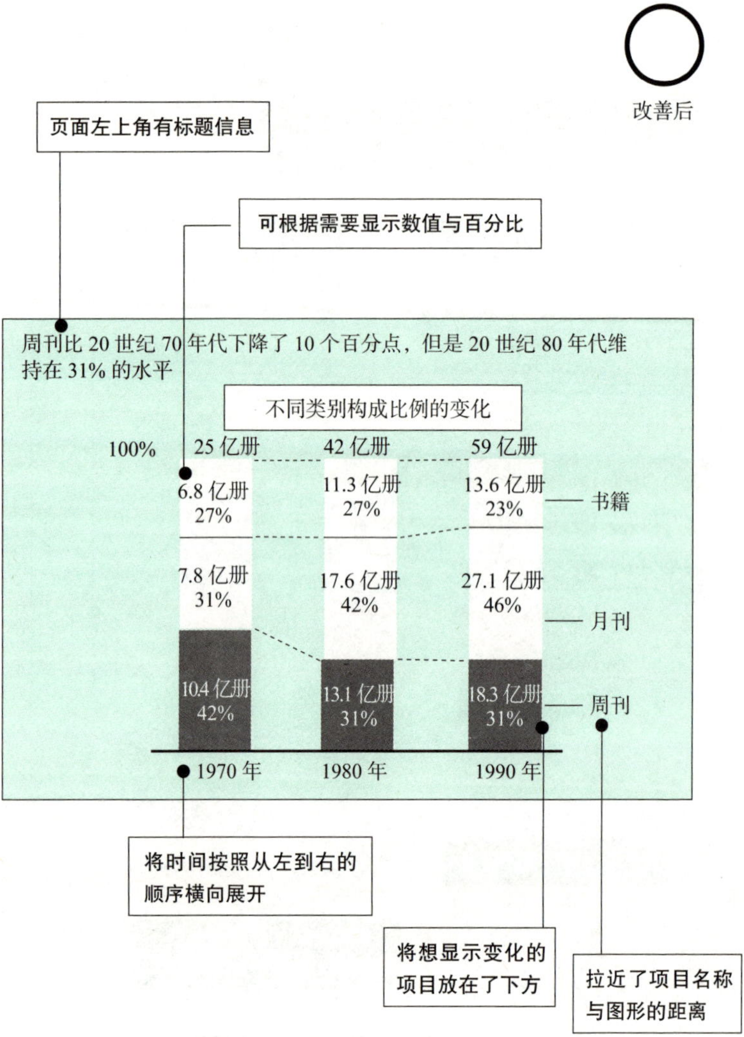
改善后
页面左上角有标题信息
可根据需要显示数值与百分比
周刊比 20 世纪 70 年代下降了 10 个百分点，但是 20 世纪 80 年代维持在 31% 的水平
不同类别构成比例的变化
100%
25 亿册
42 亿册
59 亿册
6.8 亿册
27%
11.3 亿册
27%
13.6 亿册
23%
书籍
7.8 亿册
31%
17.6 亿册
42%
27.1 亿册
46%
月刊
10.4 亿册
42%
13.1 亿册
31%
18.3 亿册
31%
周刊
1970 年
1980 年
1990 年
将时间按照从左到右的顺序横向展开
将想显示变化的项目放在了下方
拉近了项目名称与图形的距离

图 3–16　追求使信息更为明确的设计（改善后）

不能过分相信图形的默认设计

如果为了追求信息清晰及听众易于跟随节奏，你就需要多留意软件附带的默认设计。

Excel 等表格运算应用程序中有很多图形设计的选项。可是饼形图真的需要高度吗？纵向的柱形图需要纵深吗？连线形图也有必要以 3D（三维）形式呈现吗？

我们不应该以看上去是否很酷为选择标准，而应以是否易懂、是否简洁明了为标准进行选择。

图表与文字组合

关键点

- 可以用文字信息对图表信息进行补充。
- 按照从左到右的顺序进行设计。
- 概念图当中也应加入有利于增进理解的文字信息。

图表信息用文字信息加以补充

即使最上面段落的标题信息非常清楚，但仅仅靠图表对其进行支撑是有风险的，因为容易造成实际演示时对图表的解说过长，或者容易忘记解说的要点。即使口头上解说得很清楚，但如果仅仅依靠语言，对于听众来说，理解的程度和记忆的停留程度都会下降。

所以从促进听众理解，并且确保演示顺畅进行的两个角度出发，用文字信息对图表进行补充是有好处的。笔者在此推荐的信息数量同样是三个。

按照从左到右的顺序进行设计

同时使用图表和文本的时候，可以将图表置于左侧，文本置于右侧，从左到右进行设计，改善前与改善后的变化如图 3–17 和图 3–18 所示。

简体中文和英语的文字都是从左向右阅读，所以大部分听众的视线都会无意识地从左向右移动。另外，通过把图表置于左侧，可以从一开始就向人的右脑传递直观印象，然后传递位于右侧的文字信息，依靠逻辑诉诸人的左脑。

有时，我们也可以看到在页面的上半部分放置图表，下方放置说明文字，也就是纵向排列的页面（见图3–17）。如果是将 A4 尺寸的纸张竖着用的情况下或许还好，但是在演示的页面上并不推荐大家采用纵向排列的方式。原本演示的页面就是横向更长一些，人的视野也是，比起纵向，横向更为宽阔。从左到右横向排列是基本要领。

概念图中也要加入促进理解的文字信息

除了图形和表格，有时还会使用概念图（见图3–19、图 3–20）。

所谓概念图，指的是未必有数值和数量等，只是用来表示事物关系和事情梗概的图。诸如市场营销的4P（产品、价格、渠道、促销）理论、战略的 3C（公司、顾客、竞争对手）模型、业界分析的 5 种能力等机制框架就是概念图。表示组织的图和某种顺序的流程图也是概念图。

使用概念图的时候也不能只依赖图形，而应注意加入文字信息。如果是表示时间顺序的图，使用箭头就很清楚，可是，采取时间顺序以外的顺序时，箭头就会变得非常含糊，表示的是同一系列的概念还是表示某种因果关系呢？用线连接起来的时候是什么意思呢？在俯瞰整个概念图的时候，上下是什么关系？横向存在某种序列关系吗……

为了明确表示原因、结果、手段、目的、条件、制约、时间顺序、重要程度等要素，希望大家能够通过巧妙运用实际的文字信息，让听众更容易理解概念图。

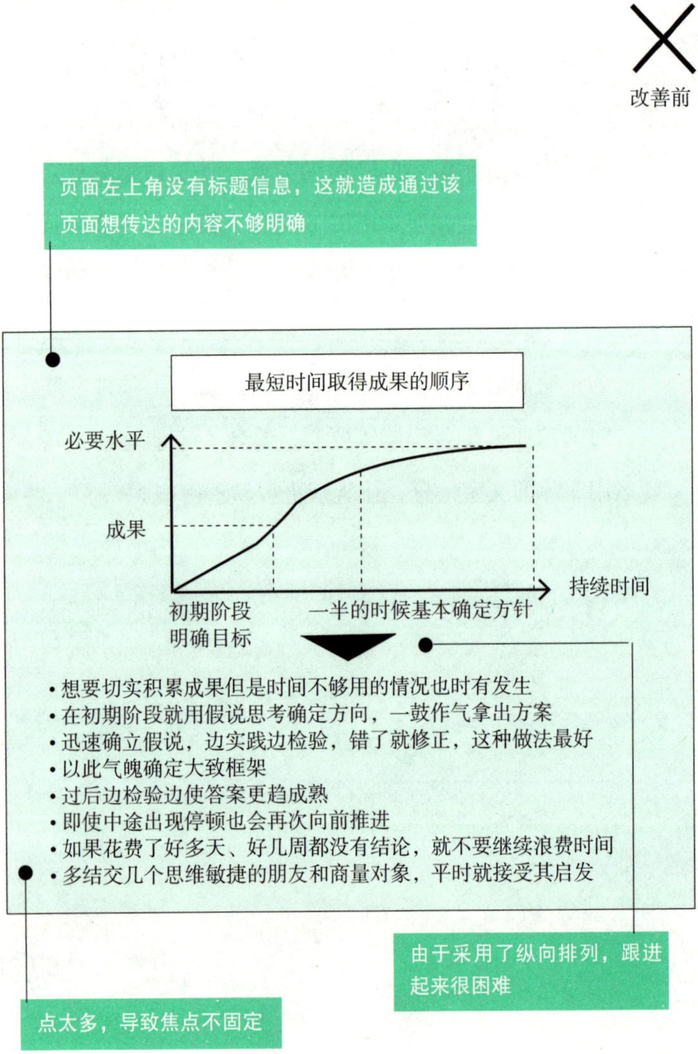
改善前
页面左上角没有标题信息，这就造成通过该页面想传达的内容不够明确
最短时间取得成果的顺序
必要水平
成果
持续时间
初期阶段
明确目标
一半的时候基本确定方针
•想要切实积累成果但是时间不够用的情况也时有发生
•在初期阶段就用假说思考确定方向，一鼓作气拿出方案
•迅速确立假说，边实践边检验，错了就修正，这种做法最好
•以此气魄确定大致框架
•过后边检验边使答案更趋成熟
•即使中途出现停顿也会再次向前推进
•如果花费了好多天、好几周都没有结论，就不要继续浪费时间
•多结交几个思维敏捷的朋友和商量对象，平时就接受其启发
由于采用了纵向排列，跟进起来很困难
点太多，导致焦点不固定

图 3–17　从左到右的页面设计（改善前）

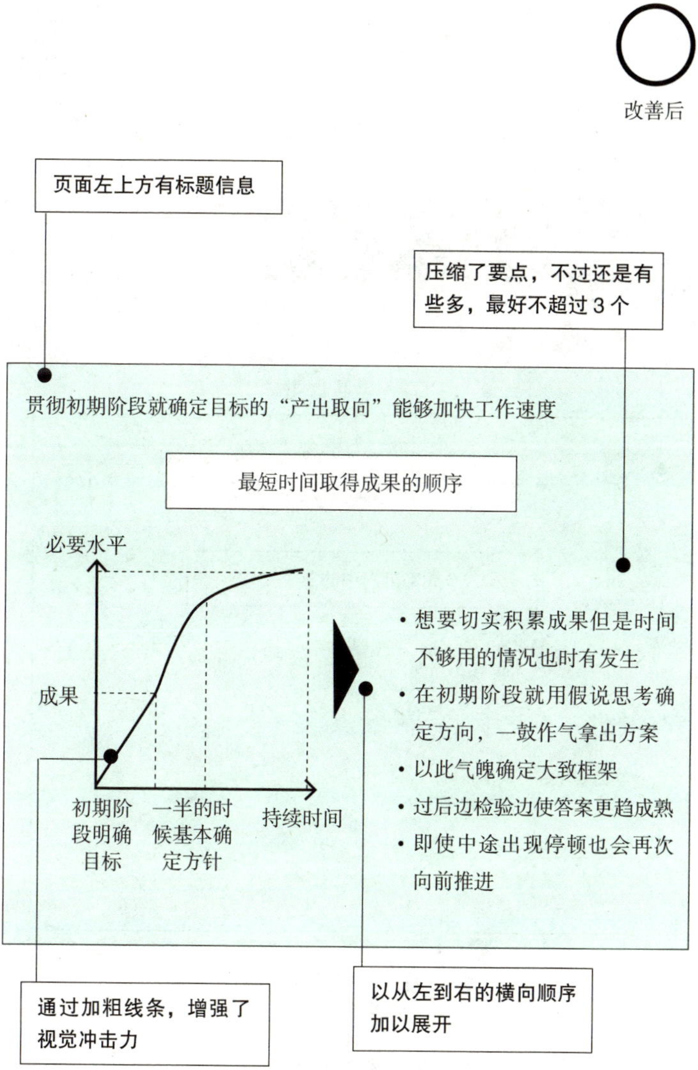
改善后
页面左上方有标题信息
压缩了要点，不过还是有些多，最好不超过 3 个
贯彻初期阶段就确定目标的“产出取向”能够加快工作速度
最短时间取得成果的顺序
必要水平
成果
初期阶段明确目标
一半的时候基本确定方针
持续时间
• 想要切实积累成果但是时间不够用的情况也时有发生
• 在初期阶段就用假说思考确定方向，一鼓作气拿出方案
• 以此气魄确定大致框架
• 过后边检验边使答案更趋成熟
• 即使中途出现停顿也会再次向前推进
通过加粗线条，增强了视觉冲击力
以从左到右的横向顺序加以展开

图 3–18 从左到右的页面设计（改善后）

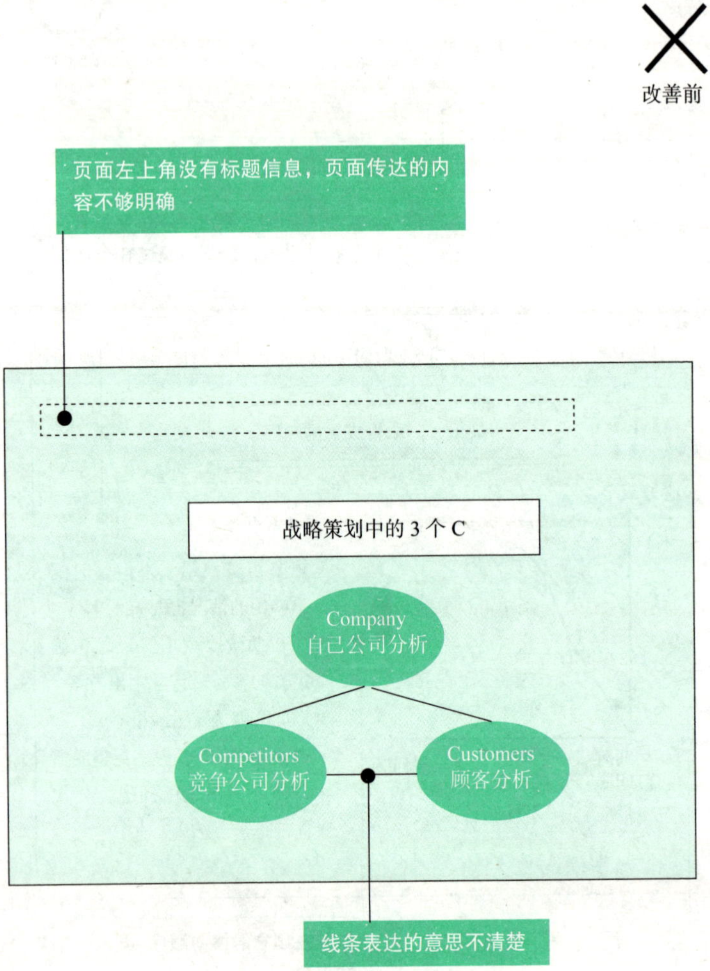
改善前
页面左上角没有标题信息，页面传达的内容不够明确
战略策划中的 3 个 C
Company
自己公司分析
Competitors
竞争公司分析
Customers
顾客分析
线条表达的意思不清楚

图 3–19　概念图的处理方式（改善前）

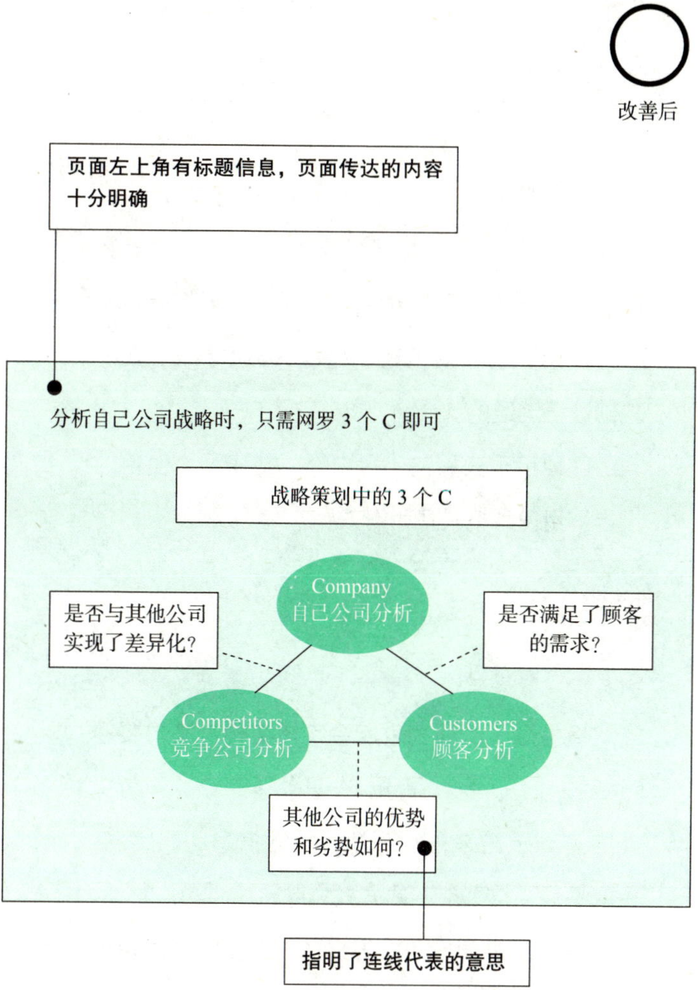
改善后
页面左上角有标题信息，页面传达的内容十分明确
分析自己公司战略时，只需网罗 3 个 C 即可
战略策划中的 3 个 C
Company
自己公司分析
是否与其他公司实现了差异化？
是否满足了顾客的需求？
Competitors
竞争公司分析
Customers
顾客分析
其他公司的优势和劣势如何？
指明了连线代表的意思

图 3–20　概念图的处理方式（改善后）

专栏

公司内部文件 · A4 报告的格式

很多职场人士为了向上司汇报、提出建议或者获得理解，在公司内部需要频繁制作文件。我们可以将其称为日常对上司、同事、部下所做的小型演示。这种演示通常是以 A4 尺寸的纸张为基础进行沟通的。

这种用于开展“公司内部小型演示”使用的报告，用何种格式最为有效呢？

报告也以金字塔结构为基础

报告形式的格式也以金字塔结构为基本要领（见图 3–21）。也就是说，一开始就将结论作为主要信息列示出来，然后阐述关键信息、副信息，也就是采用自上而下的方式加以展开。

还有，如果整个报告超过 5 页，内容比较长的话，可将第一段作为整个报告的要点来列示，

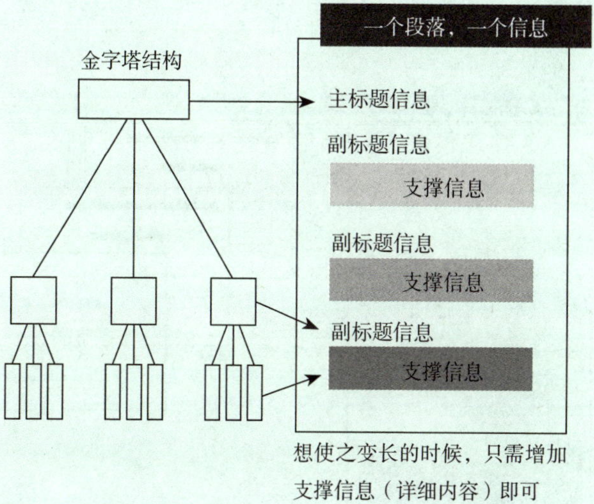
一个段落，一个信息
金字塔结构
主标题信息
副标题信息
支撑信息
副标题信息
支撑信息
副标题信息
支撑信息
想使之变长的时候，只需增加
支撑信息（详细内容）即可

图 3–21 报告形式也以金字塔结构为基础

这样能够减轻读者的负担。读者通过这个要点把握整体脉络后再去读后面的详细说明，能够加深理解。如果是日理万机的读者，或许只读一下要点就可以了。

要意识到段落结构

构成报告形式的格式信息集合在一起就是段

落。用 PPT 演示的话，对应的就是一个页面（见图 3–22）。

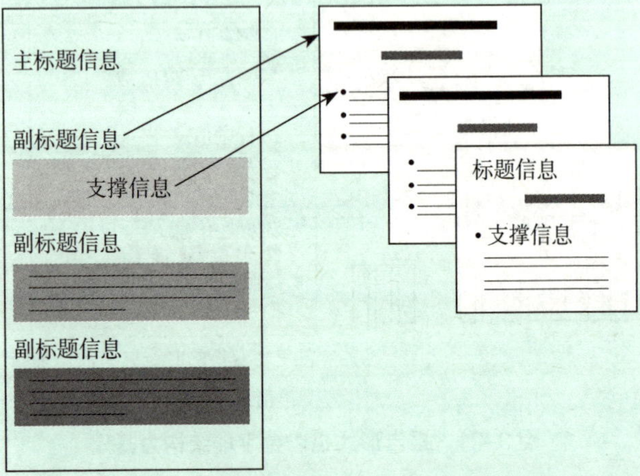
主标题信息
副标题信息
支撑信息
副标题信息
副标题信息
标题信息
• 支撑信息

图 3–22 段落相当于演示的一张页面

虽然根据每行字数的不同而有所不同，但基本上属于 5~10 行、以空格加以区分的信息的集合。

段落用演示来说就是 1 个页面，所以由副标题信息（标题信息）、支撑信息组成。

一般来说，支撑信息开头显示与副标题信息

同等的信息，有时它也被放置在段落末尾，用来提示与副标题信息同等的信息（见图 3–23）。

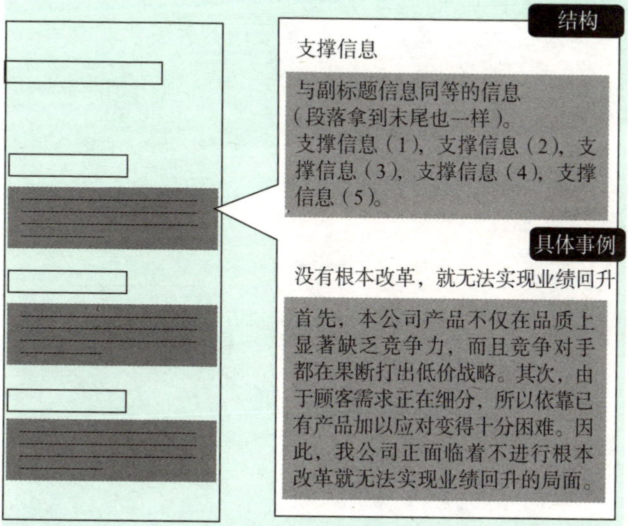
结构
支撑信息
与副标题信息同等的信息
（段落拿到末尾也一样）。
支撑信息（1），支撑信息（2），支撑信息（3），支撑信息（4），支撑信息（5）。
具体事例
没有根本改革，就无法实现业绩回升
首先，本公司产品不仅在品质上显著缺乏竞争力，而且竞争对手都在果断打出低价战略。其次，由于顾客需求正在细分，所以依靠已有产品加以应对变得十分困难。因此，我公司正面临着不进行根本改革就无法实现业绩回升的局面。

图 3–23 段落的具体事例

依据详细内容的字数调整长度

与演示相同，在报告形式中也依据详细内容

字数的增减调整整体的长度。如果想使其长一些，就增加支撑信息，想短一些的话则减少支撑信息。

但依据支撑信息的数量调整长度并不可取。这是因为，支撑信息这一重要内容轻易增加或者减少是很轻率的举动。

第4章

演示者应该掌握的技巧

本章将从多个方面讲解在现场进行实际演示时的各种技巧。

首先是话题的推进方式。有效的顺序有利于将信息印在听众脑海里。

其次，演示者本人的说话方式、动作等也存在一定的规则，以避免使听众产生不快感。

好不容易做了完美准备，但如果听众对演示者本身产生了反感，那么信息的传递效果将极度下跌。

仔细检查自己的动作和存在的毛病，并事先认真练习，演示者的信息就会取得出人意料的良好传递效果。

采用自上而下的顺序

关键点

- 先讲解细节，最后阐述结果的自下而上式演示是与听众的思维方式为敌。
- “自上而下”属于用户友好型演示方法。
- “自上而下”具有规避风险的效果。

自下而上式是与听众的思维方式为敌

演示的基本要领在于一开始就阐述结论。尽管如此，还是有太多演示采取的是自下而上的顺序，也就是先从细节开始讲起，最后阐述结论。

从细节开始讲起的话，在尚不知晓演示的前进方向的情况下，听众会进行随意解释。这是因为演示者给了听众可以随意解释的各种材料。如此一来，听众就会早早地得出自己的结论。

所以，当演示者最后阐述结论的时候，被听众认为“说得完全不对”的危险性就会大大提高。

自下而上的说明顺序用在推理小说或者悬疑剧中可能正确，但是作为商务演示来说就是错误的，因为站在听众思维方式的对立面，危险性很高。

自上而下属于用户友好型演示方法

反之，先告知最终结论的自上而下的方式能够让听众吃下定心丸。这与先告知对方去往何处，然后说明怎么去是一样的道理，因为知道最终到达的地点，所以才可以放心。由于听众没必要胡思乱想，所以听演示时也会非常轻松。

阐述结论在先的自上而下式的演示有助于减轻听众负担，是用户友好型的演示方法。一旦听众能够轻松跟上演示的节奏，那么演示的说服力也就自然而然地提高了。

自上而下具有规避风险的效果

笔者在此推荐大家选用自上而下的方式进行演示，有人会担心演示一开始就遭到反对。

然而，就算有的听众一开始会认为“咦？这个说得不对吧”，他们也应该想要知道演示者是如何得出这个结论的。为此也就有可能通过接下来的演示，取得他们的理解。这样总比自下而上式的演示到了最后被听众质疑“说得不对”要好得多。

如果一开始就预测到很有可能会遭到反对，就可以在一开始先交代一句，“也许这是一个与大家期待相反的结论，但是希望各位能够听到最后”。

另外，一开始就告知结论的话，即使演示未能做得非常精彩，演示者也罢、听众也罢，在心理上都会更为冷静。进一步讲，我们还可以期待听众一边想“演示本身虽然不太好理解，不过既然结论是这样，那么演示者想说的是这个意思吧”，一边利用自己的思考能力对难懂的演示进行补充解释。

总之，自上而下具有为我们规避各种风险的效果。

希望大家的演示都能选用自上而下式。

失败案例

采用自上而下的顺序

堀小姐正在经营会议上向社长演示自己花了半年时间精心研究出来的物流体制改革方案。可是她的解说似乎不是自上而下式。她的方案能顺利通过吗？

堀：　今天我想就一直悬而未决的物流体制改革方案提一下自己的想法和建议。首先我将就近期的业绩、物流与业务跟进情况做一具体说明……

社长心想：　……关于业绩情况我已经十分清楚了。但愿能迅速进入正题……

堀：　（讲解了10分钟以后）如上所述，能够从多个中心进行配送的地区和客户分散在各地。下面，我将就其他竞争企业的情况进行具体说明……

社长心想：……哦。看来最好是对配送中心进行撤并……很早以前我就有过这个想法……

堀：综上所述，众多竞争企业正在推进配送中心的撤并……

社长心想：……果然如此。我就一直有一丝担心，怕自己公司被竞争对手落在后边……

堀：下面我将就顾客意见进行说明。我用了三周时间，对我公司的 60 家重点客户进行了采访式调查。另外，还通过匿名方式围绕顾客对我公司与我们的竞争对手公司的满意度进行了比较调查，下面我将为您汇报一下结果。首先是采访式调查的顾客遴选标准……

社长：（开始后 20 分钟，打断了演示）小堀，我已经非常清楚了。咱们得抓紧推进配送中心的撤并。你马上给我制订一项大刀阔斧砍掉一半的计划。

堀：（大吃一惊）啊?! 您是说要削减一半配送中心吗? 我认为有困难……原本配送中心的大幅削减就存在巨大风险……

社长：（打断其发言）当然，大规模进行物流体制改革会伴随阵痛，这个我很清楚。可是，应该做的事情必须得做。这才是真正的经营者。艰难的决断也是需要的……小堀，接下来就交给你了。你尽早给我把配送中心削减一半的计划做出来。接下来我要出发去泰国。（社长离席）

堀：（惊慌失措）好，好的，我明白了……（发呆了3分钟以后，回过神来……一个人留在会议室里。）
事情怎么会这样！我其实是想提议扩大配送中心规模的！我的提案是，其他公司在对配送中心进行撤并以后，顾客满意度呈下降趋势，所以我们应该通过增加配送中心从其他公司把客户抢过来……这该如何是好……社长可是一旦决定了的事情就绝不回头的性格……况且还在经营会议上痛快地长篇大论了一番……社长决定的战略与我的初衷正好相反！我还以为自己能巧妙地引导社长接受自己的建议呢……接下来该怎么办?

问题出在哪里?

堀小姐原本计划提议增设配送中心，社长却做出了正好相反的决定——削减一半。

× 没有从结论开始讲起

堀小姐完全弄错了演示的顺序。她的演示采取了典型的自下而上式。

确实，堀小姐一开始表达了演示的主旨，即“就物流体制改革方案提出建议”。可是，这最终只是“主题”，而非想要传达的“信息”。只是提到了要讲哪方面的内容，却没有给出提案的内容。

这是由于，一旦采用自下而上的方式，那么只要不到最后一刻，最想表达的信息是不会提出来的。

× 一开始就给了对方容易误解的材料

堀小姐采取自下而上的方式进行说明，结果却给了社长很多可以随意解释的材料。果不其然，社长开始了对自己来说“符合逻辑”的解释。

即使看到了同一个事实，也无法保证听众会与我们做出同样的解释。听众有他们固有的逻辑、经验、价值观、判断标准、行为原则，这些都超出了演示者能够掌控的范围。

可以说，演示者想要诱导听众头脑中的思考是非常困难的事情。

× 接受了社长的相反提案

最后堀小姐接受了社长的相反提案。看来配送中心减半的方针在经营会议上已经确定下来。与自己的建议完全相反的方案就在眼前被敲定下来，当事人怅然若失也是情理之中的事情。

如果能够保持平常心的话，或许堀小姐至少可以阻止“相反的方案”成为确定事项。

或许她可以这样做出补救，“事实上，我当初也曾经认为削减配送中心是上策。不过从让顾客满意的观点来看，我认为反过来增加配送中心可以争取其他公司的顾客。那么等您出差回来的时候再接着向您汇报……”。

成功案例　采用自上而下的顺序

堀：

今天我想就一直悬而未决的物流体制改革方案提出建议。我提议，公司应该扩充配送中心。这是因为，我认为通过扩充配送中心，可以将对其他公司的服务心存不满的顾客争取过来。那么，今天的……（正在从结论开始讲起。这表明她在严格遵循自上而下的解说方式。）

社长：

（……扩充配送中心吗……）

（打断演示）小堀，我一直有这样一种印象，那就是配送中心应该进行撤并……这种想法有问题吗?

（从结论切入的自上而下式说明，有时会发生此种让听众觉得别扭的情形。然而，采用此种方式可以避免自下而上式最后以破裂告终的情况，在接下来的演示中有对其进行说服的机会。）

堀：

社长您有这种印象是非常有道理的。事实上，我此前也一直这么认为。可是，随着分析的深入，我得出了今天建议增设配送中心的结论。衷心希望您能够仔细听我接下来的说明。

（巧妙地将听众不舒服的感觉应承下来。在此基础上，敦促听众对演示进行倾听。）

社长：

是吗？确实觉得不太对劲儿。不过你接着讲。

堀：

好的。首先我想对今天的演示内容进行一个概述。从结论来说，为了争取对其他公司心存不满的客户，我认为应该进一步扩充我公司的配送中心。事实上，近年来其他公司从重视效率的观点出发，曾积极推进配送中心的撤销与合并。其结果是，在顾客满意度及突发情况出现时的危机管理方面，发生很多问题……

（先阐明结论，然后对整体做了概述。这样一来，听众对演示者接下来将要展开的详细讲解就会更容易理解。）

社长心想：

……哦。我一直认为的公司的弱势是配送中心存在重复，但是从顾客满意度和发生突发情况时灵活应对的观点出发，这一点在争取顾客方面会变成我方优势，原来是这样一种逻辑……明白了。这个建议或许有一定道理……

（在演示的初期阶段，包括结论在内的整体脉络获得了听众的理解。如此一来，听众对详细的讲解理解起来就更容易了。）

堀：

下面，我将展开详细说明……

社长：

（打断演示）小堀，你的逻辑我完全明白了，下面就不用说了。接下来就着手推进扩充配送中心，争取顾客的策略吧，就这么定了。我一会儿要去泰国出差，我回来之前你要把具体方案提前做好。

堀：

好的。明白了。祝您出差一切顺利。

专栏

自上而下式说明如此展开

信息→依据→信息的确认

自上而下式说明的基本结构是：

明确表达信息
阐述依据
再次对信息进行确认

一般来说，听众的注意力很难只专注于倾听演示者所讲的内容。所以，至少也要让对方明白自己最想表达的内容是什么，为此努力重复自己的主张就显得十分重要。

这一基本模式既适用于对演示整体做出说明，也适用于就单个页面进行讲解。

具体来说就是主题→信息→支撑信息

下面，让我们将自上而下式演示的基本模式应用于最基本的页面（见图 4–1）。

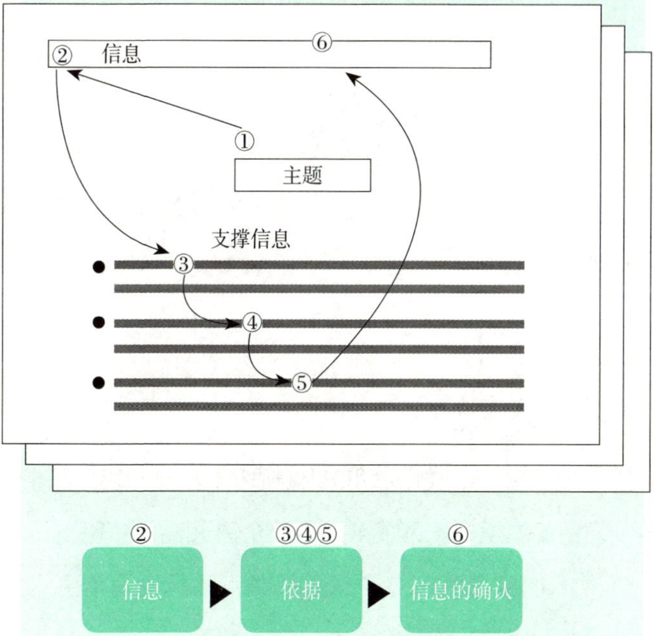
②　信息
⑥
①
主题
支撑信息
③
④
⑤
②
③④⑤
⑥
信息
依据
信息的确认

图 4–1　演示的基本要领在于“信息→依据→信息的确认”

① 阅读“主题”，告知对方接下来将围绕什么展开说明。由此将听众的心理带到容易接受信息的状态。

② 通过说明该页面的“标题信息”，一开始

就告知听众该页面最想传递的信息。

③ 阐述佐证标题的依据 1（支撑信息）。

④ 阐述佐证标题的依据 2。

⑤ 阐述佐证标题的依据 3。

⑥ 返回“标题信息”，再次对该页面的信息进行确认。

实际演练

下面，让我们运用具体事例确认一下传递信息的基本模式（见图 4–2）。这个例子顺序如下：

① 首先我将就今天的关键点进行说明（主题）。从结论来说……

② 我们不得不说，不进行根本改革，我公司就无望实现业绩复苏（标题信息）。关于有必要进行根本改革的理由有三个。

③ 首先，我公司产品在品质方面的竞争力正处于下降趋势（依据 1）。

④ 其次，竞争对手正在果断打出低价战略（依

据2)。

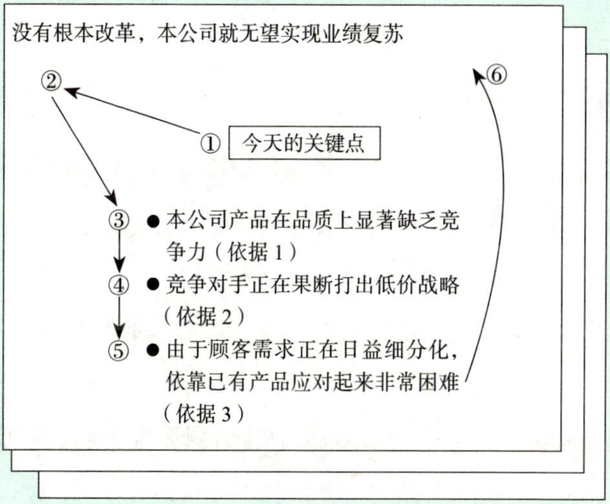
没有根本改革，本公司就无望实现业绩复苏
②
⑥
① 今天的关键点
③ ● 本公司产品在品质上显著缺乏竞争力（依据1）
④ ● 竞争对手正在果断打出低价战略（依据2）
⑤ ● 由于顾客需求正在日益细分化，依靠已有产品应对起来非常困难（依据3）

图 4-2 “信息→依据→信息的确认”的具体事例

⑤最后，我们需要进行根本改革的第三个理由是，事实上，由于顾客需求正在日益细分化，所以依靠我公司已有产品应对起来非常困难（依据3）。

⑥从以上三点理由出发，我们不得不说，没有根本改革，本公司就无望实现业绩复苏（再次强调信息）。下面我将深入剖析上述三个必须进行

根本改革的理由。

顺利的演示少不了“准确的关联词语”

演示能否顺利进行，取决于能否从一个点的说明流畅地转到下一个点的说明。

此时成功的关键就在于能否准确运用逻辑关联词语。例如“具体来说”“尽管如此”“之所以……是因为”“其结果是”等。准确运用逻辑关联词语，从一个点巧妙地接续到下一个点非常重要。

希望大家能够提前多留意并充分理解信息之间的关系。

掌握问答环节

关键点

• 问答环节的回答情况很大程度上左右着听众对演示的整体印象。

• 将提问作为“传递信息的机会”加以利用。

• 事先设想好敌对性最强的提问。

• 不能攻击或蔑视提问者。

• 不喜欢的问题就抽象化，先“解毒”再说。

• 回答对方问到的问题。

• 不好懂的问题姑且返还给提问者。

• 尽可能简短地结束回答。

• 无须反复确认回答是否切题。

问答环节很大程度上左右着听众对演示的整体印象

一般来说，提问环节安排在演示的最后，所以其效果更容易留在听众的印象当中，为此，这个环节也就在很大程度上左右着听众对演示的整体印象。

演示大致是信息从演示者向听众的单向流动，问答则是与听众的双向沟通。有的听众想发言的心情强到心里发痒的程度。为此，无论怎么准备，演示者都需要即兴发挥。

将提问作为“传递信息的机会”加以利用

尽管问题是对方提的，不过，我们应该将其看作向对方传递我方信息的机会。

一边回答对方的问题，一边将其导向我方的主要信息与关键信息，这是看上去简单实则相当困难的技巧。但是，只要大家利用设想好的问题提前练习，应答技巧就能够得到提高。

事先设想好敌对性最强的提问

作为对问答的准备，我们应该事先制作设想问答集。这时我们需准备好最为敌对的听众可能提到的攻击性问题，这样的问题也是我们最不希望被人提到的问题。当然不被人提到讨厌的问题是再好不过了，不过我们应该牢记“时刻准备着”这句口号。

不能攻击或蔑视提问者

一旦被问到敌对的问题，演示者就会进入自我防御状态，拼命地想要强化自己的主张。可是，越尝试强化自己的主张，演示者的“焦虑”就越会传递给听众。

有时还会出现演示者对提问者发火，变得充满攻击性的情况。而有的演示者故作冷静，实则对提问者持蔑视态度，这也是攻击性的表现。

演示者会将“不安”传递给听众。如果有人提出了非常敌对或者难以回答的问题，演示者在对其表示尊重的同时，轻松地将其回避过去即可。

不喜欢的问题就抽象化，先“解毒”再说

在遇到带有消极表达的问题时，演示者在回答之前应该通过提高抽象程度，首先对其“解毒”。

在被问到“为什么贵公司的股价一直严重低迷”这种消极问题时，演示者可以采用诸如“您提问的是关于我公司股价水平的问题对吧”的表达方式，将对方的问题换一种说法进行回答。“您提问的是关于我公司股价趋势的问题对吧”的说法也不赖。除此之外，也有诸如“股价的推移”“股价的走向”“变化”“动向”等很多选项可供选择。

重要的在于，通过将听起来有消极印象的具体表达方式替换成抽象的表达方式，可以缓和具体表达方式带有的攻击性。

回答对方问到的问题

回答对方问到的问题，听上去理所当然，可是，让人想说“你答非所问”的情况也不在少数。即使不是故意的，一旦被人怀疑“是在有意偷换问题”，那就事与

愿违了。

为此，要仔细倾听问题，不能只想着“我该怎么回答”，应该首先倾听问题，认真对问题加以理解。

不好懂的问题姑且返还给提问者

无论怎么仔细倾听，演示者都会经常出现无法理解的问题。另外，很多提问会包含定义模糊的表达方式。提问者在头脑中还没有整理好就先提问的情形也是存在的。

遇到此种情况，应该马上反过来询问提问者“非常抱歉，能请您再说一遍您的问题吗”，郑重地将问题返回给对方。因为如果演示者都没有理解的话，提问者以外的听众可能也无法理解。

尽可能简短地结束回答

回答的基本要领是“简短结束”。如果答案已经很清楚，就可以在阐明结论的基础上，提出一两个理由、具体事例、统计数据等依据，然后迅速进入下一个提问。

回答得过于冗长也容易出现纰漏。特别是对于攻击性的提问，演示者很容易希望长篇大论地对这样的提问进行反驳。提问者和听众会在心里想“明白了，别解释了”。一不小心就会让听众觉得很无聊。我们要格外注意这点。

不对回答是否切题确认个不停

有的演示者在回答完问题以后还要确认好多次：“刚才的回答您看可以吗？”“我回答的是您想问的吗？”不可否认这或许是服务精神的一种体现，然而，这种表现与其说是在确认提问者的满意度，倒不如说是演示者对自己的回答缺乏自信，想要消除此种不安情绪的动机更为强烈。这样容易给听众留下演示者没有自信的印象。

另外，还有可能招致提问者做出令人难以预期的反应，比如对方可能真的会说：“不，你的回答完全答非所问。”

问答提问的例子

提问 1
被问到“绝对吗”的时候

这种商品堪称绝对安全吗？

× 是的，绝对安全。我公司对于安全性有自信。（一旦做出绝对肯定，就有被对方反问“哪有绝对的东西”的风险。）

○我公司在所有产品上都最重视其安全性。在满足法律规定的所有安全标准的基础上，我们还设定了门槛更高的自主安全标准。我认为您可以放心使用。（不拘泥于是否绝对安全，而是通过客观看待自己公司的产品，回答“我们满足了外部规定的标准”“在内部也自主设定了严格的标准”等，努力给对方以放心感和满足感。）

提问 2
被戳到“弱点 / 否定性要素”时

为什么贵公司的产品价格比其他公司高出五成？

× 您问的是为什么我公司产品比其他公司贵出五成是吧？您说的有误，经过我公司调查，事实上高出三成左右。（原封不动地重复着不喜欢的问题。在没有解释其正当性的条件下就肯定了高定价。由于没有明确讲出价格偏高的理由，会让听众因为愿望没有得到满足而心存压力。）

○您提问的是本公司产品性价比的问题对吧？（把不喜欢的问题换成了肯定的表达方式）确实大家可能会觉得价格比其他公司多少高一些。根据本公司调查数据显示，本公司产品价格比其他公司产品高出三成。我们衷心希望大家理解的是，本公司产品不仅功能丰富，而且在购买以后提供优厚的售后服务，所以从综合费用的角度来看，恰好相反，我们的价格更便宜一些才对。（准确把握问题，细致而简洁地解释理由。）

提问 3

回答“攻击性问题”/“模糊的表达方式”

贵公司好像在有意策划廉价销售，你们不认为保护市场秩序非常重要吗？

× 廉价销售有什么不对？其他公司也可以这样做嘛。（攻击性的应对方式。透露出不安和没有自信，给人留下不顾及周围人、不讲法律的印象。）

○我们公司一直致力于以尽可能低的价格提供尽可能高质量的产品。（将“廉价销售”换成肯定的表达方式）不过，您所说的“市场秩序”的意思我不是很清楚，所以您能告诉我您所说的市场秩序指的是什么吗？（将“难懂的问题和定义含糊的表达方式”姑且退回给对方。）

提问 4

回答“不想回答的问题”

有传言说贵公司在不远的将来会退出中国市场，请问这种说法属实吗？

× 关于这件事情无可奉告。（无可奉告算不上对对方的回应。可以一边发表见解，一边暗示对方无可奉告。）

○本公司对于传言一直采取不予回应的方针。不过，从一般意义上来说，我公司正在随机应变地推进全球市场的开拓，所以今后进入或撤出新兴市场都是理所当然的事情。（通过在自己公司身上套用一般理论，言外之意告诉对方无可奉告。）

提问 5

“试探我方反应的提问”

此番竞争对手引起的丑闻对于贵公司而言真是扩大市场份额千载难逢的机会啊。

× 根本不是什么机会。我们深表同情，同时很担心明天同样的事情就会发生在我们身上。（或许是出于想要否定将他人的不幸看作机会的考虑，但这样的回答会让别人认为我公司将该丑闻看成了不存在人为过失的天灾。更何况“明天就轮到我们了”的回答非常缺乏对于预防丑闻的认真态度。搞不好听众会猜测我公司也在掩盖丑闻。）

○我公司致力于作为值得信赖的供应商发挥对于顾客的供给责任。无论是哪家公司，我们都希望竞争对手能够不断努力发展。因为在提高产品和服务质量方面，竞争对手的存在是十分重要的。（冷静地对待其他公司的事件，在此基础上没有接着讲别的公司如何如何，而是在积极宣传自己公司的主张。）

演示者的得体言行

关键点

- 注意无意识动作。
- 提起骨盆，姿势就会变好。
- 不做多余的动作。
- 事先规定好手的默认位置。
- 与听众切实做好眼神交流。
- 音量要大，语速要缓。

注意无意识动作

演示做得好与坏，是包括资料准备情况在内的演示内容与演示者自身技能之间“相乘”的结果。所以无论多么好的内容，如果演示者的演示技能太差，该演示也有失败的危险。

演示者首先应该从姿势、身体动作、手臂动作、眼睛的动作、声音 5 个方面多加注意。通过对这 5 个方面加强练习，演示者就会得到清爽明快的演示。

另外，本书完全不打算将某种特定的演示风格强加给读者。相反，本书主要是为了能够帮助演示者更加漂亮地展示个性的基本动作要领。

① 姿势——提起骨盆，腰板挺直

只要提起骨盆，腰板也就自然挺直了。我们可以向古典芭蕾舞演员学习，他们跳舞的时候都会准确地将骨盆提起来。

下面介绍一下有效挺直腰板的练习方法。首先在立正姿势的基础上，将两手的拇指向前，同时将手心翻向外侧，然后将两只手的手背放在大腿外侧。这样一来，两肩自然打开，同时腰板也会挺得笔直，骨盆也会随之提起来。将重心置于身体的中央，然后将其放在肚脐下方，这样就会十分平稳。

② 身体动作——不做多余的动作

不做多余的动作，这也是动作要领之一。

首先，我们要警惕自己没有察觉到的动作。转动上半身、前后摇晃、肩膀上下耸动、头部如钟摆般摆动、脖子迅速旋转、前后踱步、两侧踱步等，都是典型的多余动作。

即使是一个个同时出现的小动作，也会给观众留下很不稳重的印象。

我们需要练习停止上述所有多余动作。只要做到这一点，就能很快做出有目的性的动作。

③ 手臂动作——事先定好手的默认位置

人的动作当中尤其显眼的是手（包括胳膊在内）的动作。无意识的情况下，就会挠挠头，碰碰下巴，或者两臂胸前交叉，或者前后摆动，再就是提提裤子，手指动个不停，等等，各种动作都会发生。

首先，让我们事先定好手的默认位置，也就是不用手的时候手的摆放位置。

笔者推荐的是，在放松状态下，在肚脐下方两手轻轻相握的姿势。男性需要将臂肘保持钝角。女性最好将手放在刚好盖住肚脐的位置，这样一来，臂肘与地面接近平行，有利于营造出女性的柔和气质。手的默认位置如图 4–3 所示。

女性　双手在覆盖肚脐左右的位置轻握　男性　在肚脐下方双手轻握

图 4–3　手的默认位置

④ 眼睛的动作——与听众切实做好眼神接触

眼睛的动作反映的是大脑的活动。演示者的眼球四处游移，会让听众感到不安。

眼睛对准的地方有3个：听众、屏幕、电脑等器材。请注意，不要长时间盯着地板或天花板看。

当然，我们也不能只盯着屏幕，还要时不时地与听众进行眼神接触。此时，无须一次与所有听众进行眼神接触，而是选择其中的某一个人，时间稍长一些，对着这个人说话5秒钟左右。

一边在屏幕和听众方向之间走来走去，一边勤回头的举止并不可取。看屏幕的时候就看屏幕，面对听众阐述时就踏踏实实地进行阐述。转动脖子的时候要缓慢一些。

⑤ 声音——音量要大一些，速度要缓慢一些，不要有杂音

虽然与有无麦克有关，但我们要注意说话声音大一些。这是因为同样的内容，声音大的时候会更有说服力。不过，也不能大声嚷嚷。做到“大声向人倾诉”的

感觉就可以。

第一声尤其应该大一些。因为第一声决定了整个演示过程的音量水平。

另外，速度要慢一些，缓慢地讲话。注意 1 分钟不要超过 300 个字。这时，还要注意保持抑扬顿挫。一边缓慢而清楚地演示，一边要维持声音的强弱与高低变化。

此外，我们还需要最大限度排除杂音。代表性的杂音有“嗯”。常见的还有“这个”“那个”“是吧”等。只要多加注意，一定能够使杂音减少。希望大家不要放弃，坚持练习。

不好的例子

肩膀上下耸动　两臂胸前交叉

小幅地走来走去　挠头　对着屏幕讲话

④眼睛的动作

基本要领是与听众进行眼神接触。

不要盯着天花板或地面。

①姿势

提起骨盆，后背就可挺直。看上去堂堂正正，充满自信。

②身体的动作

没有意义的动作都不要做。多余的动作在别人眼中显得不够稳重。

③手臂

放在默认位置，不需要的时候不要动。手持麦克的时候，另外一只手放在身体一侧。

⑤声音

声音要大一些，语速要慢一些。

如何提起骨盆？

将两手拇指朝向前方的同时，翻向外侧，只要将手背贴在大腿外侧，胸就可以敞开，骨盆自然提起来。

着装与表情

关键点

- 着装要注意符合 TPO（time，place，occasion，即时间、地点、场合）原则。
- 注意不要让头发把脸遮住。
- 要做到主题与表情一致。
- 要做到主题与动作也一致。
- 不要玩耍指示棒。
- 利用录像彩排检查自身形象。

着装要注意符合 TPO 原则

“人看的是内涵，而不是外在。”确实如此。不过，演示者的外观形象会让听者对演示的整体评价产生巨大影响，这一事实也不容忽视。我们要注意事先确认着装符合 TPO 原则。

例如，苹果公司的史蒂夫·乔布斯在产品发布会上是穿黑色高领毛衣和牛仔裤登场的。他的着装与其作为业界代表人物的高贵身份、高科技、创新性、自由奔放、创意、听众是苹果的粉丝等设定是完全吻合的。

但是，即使同为高科技产业，如果是刚刚出道的风险企业的年轻社长面对机构投资者进行演示的话，乔布斯风格的着装就相当有风险了。不论男女，着商务正装方为明智之举。

一般的商务演示中，如果是男士，藏青色或灰色是固定穿法。最好不要穿粗条纹的服装或者花格套装。只要没有特殊理由，上衣的扣子都应该扣上。领带最好是深红色或者蓝色系。需要回避明亮的紫色、亮粉色等不稳重的颜色。

女性的话，穿着明亮一些的套装也是可以的。即便如此，还是需要注意，不要把鲜艳花哨的围巾围在脖子上，否则会分散听众的注意力。同样，耳环、项链等饰品也不能过于花哨。鞋子也是如此。另外，由于演示者和听众有一定距离，所以有的女性会化比较浓的妆，这样做固然有一定道理，但还是稍稍低调一些为好。

注意不要让头发把脸遮住

我们要避免遮住眼睛的发型。如果头发遮住了脸，演示者就会无意识地想用手做梳子把头发赶到一旁，这一动作重复多次，就会给人一种不够清爽利落的印象。而且头发会遮住演示者自身的视野，看屏幕和演示器材时会受影响，也会影响与听众的眼神交流。

如果有散乱的头发遮住了脸，女性可以用不显眼的发卡将头发扎起来，男性则可以用没有黏黏糊糊感觉的发胶将前面的头发固定起来。

要让表情与演示内容一致

作为仪容的一部分，我们还要注意做到表情与演示内容一致。如果是严肃的内容，表情也应该相应地坚定一些。如果是较为柔和的内容，表情则需舒缓一些。

一旦表情与主题不一致，就会给听众传递矛盾的信息，造成“认知上的不和谐”。这样一来，听众会在无意识的情况下感到格外不愉快。

特别是在丑闻、事故等危机事件的记者发布会上，若演示者也笑呵呵的，就很容易造成听众的反感。因此，我们对自己的表情也需要多加注意，可以在演示前进行演练，以达到演示内容与表情的一致性。

要让动作与演示内容也一致

我们不仅要注意做到表情与演示内容一致，同时也要注意做到动作与演示内容一致。如果是明快的主题，那么即使加入了较大幅度的动作也不会让人感觉不舒服，在舞台上四处走动或许也没有关系。但是，如果是沉重的主题，那么动作少一些并且缓慢一些恐怕效果会更好。

性格不开朗也没关系

表情与动作会反映演示者本来的性格倾向。有的演示者性格开朗，动作幅度大一些，也有的性格不开朗，动作幅度小。还有的演示者性格开朗但动作拘谨。另外，虽然不多，但也存在性格不开朗但动作幅度很大的演示者。

根本不存在要求所有人的演示都必须明快且动作幅度大的规定。首先我们应该努力去做能够准确传递自己信息的演示。在此基础上，再根据自己的个性，注意采取符合演示主题的表情与动作即可。

不要玩耍指示棒

指示棒是演示套装中必备的物品。的确，指示棒能够指出屏幕上的细小之处，既实用又很方便，同时说不定还具有作为演示者权威象征的作用。不过，比起这些好处，笔者看到更多的反倒是将其坏处显露出来的情况。

比如用指示棒敲打屏幕，无意识地把指示棒晃来晃去，反复将其缩短或伸长，甚至还有将其扛在肩膀上的情况。更为不好的是，有的演示者甚至会用指示棒指向听众。此外有的演示者像手持护身符一样双手紧握指示棒。

如此看来，考虑到使用指示棒的坏处，如果屏幕范围用自己的手就指得过来的话，不用指示棒反倒更稳妥一些。

如果非用指示棒不可的话，请大家牢记上面这些要点。

若是再多说几句的话，对激光笔就更不能掉以轻心了。激光笔不光指的点看起来费劲，在屏幕上的移动还特别快。如果无论如何都想用的话，请切记不要在屏幕上晃来晃去，而是只将焦点放在想指的地方。

利用录像彩排检查自身形象

如果可能的话，我们可以事先把自己演示的情形录下来，并逐项检查，就当顺便彩排了。

若是在正式演示之前进行彩排，就能够客观斟酌自己在听众眼中是何种形象。可以综合检查自己站的位置、姿势、眼神接触、身体与手的动作、表情、音量、语速、吐字的清晰流利程度、杂音等。尽可能让别人帮着操作录像机，请其将自己的脸、手、脚等都用近景拍摄下来，这样就可以检查细微的动作了。

观察自己的录像是一件令人害羞的事情。但无论如何，演示者都应该努力克服这种情绪，仔细观察自己，然后花时间提前改善不自然之处。

会场上的注意事项

关键点

- 站在距离屏幕近的地方。
- 关注照明情况。
- 依据目的设定会场布局。
- 确保适度的人员密度。
- 不要忘记调节温度。
- 事先仔细调试投影器材。
- 提前确认音响环境。

站在距离屏幕近的地方

演示者应该尽可能紧挨着屏幕站立。将屏幕置于自己右侧还是左侧由演示者自己决定，但如果设想演示者不是左撇子的话，把屏幕放在自己右侧，可以自然地面向听众伸展身体，用自己习惯用的手指向屏幕。

在会场上，有时屏幕和讲台是分开的。如果能够移动讲台，就将其搬到屏幕旁边来。要按照演示者和屏幕同时进入听众视野的原则布置舞台。

关注照明情况

要根据需要调节室内亮度。

如果考虑到听众在演示过程中需要记笔记或者参阅资料的话，相对亮一些可能比较好。

另外，屏幕周围的照明应该事先调暗。在无法调节亮度的情况下，演示者应提前把位于屏幕正上方的荧光灯和灯泡摘下来。但也要确保足够的亮度，以使听众可以观察到演示者的表情。

依据目的设定会场布局

与照明一样，会场的布局等也要做适当调整。

场地能够容纳多少人？只用椅子就行，还是也要准备桌子？教室形式好，还是U字形好？或是扇形更好？又或者是几个人一拨的岛屿式布局更好呢？如此等等，选项也是多种多样的。此外，也要考虑有没有要发放的资料，是否要记笔记，是否提供瓶装水，是否进行小组讨论，等等，这些情况会因不同的演示而有所不同。但无论选择何种布局，都要依目的而定。

确保适度的人员密度

我们要注意协调会场大小与参加者人数之间的平衡。

会场太小不行，但如果参加者人数很少，富余的空间过大也会损害场内气氛。相较之下，在不至于过密的范围内，整个会场都坐满听众是较为理想的。

如果座位不固定的话，经常会出现前排座位空着的情况，这就需要我们在演示开始前就引导听众坐到前面的座位上。

不要忘记调节温度

演示的房间内经常出现以下情况：冬天太热、夏天太冷；空调口附近和远离空调处出现温度差；天花板附近和脚下有时也会出现温度差；大的窗户旁边也会由于外部空气作用而发生温度变化。

温度的调节与人员密度也有关系，人员密度大，则调低温度，人员密度小，则调高温度。

即使无法做到完美，一定程度的调节还是可以做到的，因此，演示者应关注到室内温度。

事先仔细调试好投影器材

演示开始前，一定尽可能在听众入场前确认好演示器材的运行情况。

听众落座以后才哗啦哗啦地进行电脑布线，或者调节投影仪，就会从一开始给听众留下不好的印象。

除了布线，投影仪的工作情况、焦距设置、色度的调节等也都要事先确认好。

另外，投影仪会朝某个方向散发热气，因此，不能让热气直接吹到听众。这一点非常重要。

提前确认音响环境

除了影像，还要事先确认好音响环境。

究竟用不用麦克？用的话是手拿麦克还是佩戴麦克？无线麦克还是有线麦克？如果是便携式音响，放在前面还是后面？当然要在听众入场前就设定好音响的音量。

如果是无线麦克的话，需要事先确认信号接收情况。有时一旦离开接收机和天线，声音就会断掉。特别是红外线型的无线麦克，不论距离远近，只要遇到障碍物声音就会断掉。此外，如果用手遮住了麦克的红外线接收部分，也无法发出声音。

另外，有时还会罕见地与其他无线麦克发生串线情况，很多器材都是可以改变频道设置的，所以需要迅速进行设置。事先要确认好改换频道的方法。

还有，如果使用佩戴式麦克，休息的时候一定要摘掉。有时麦克没关，在后台的讲话和在洗手间的交谈就会在会场播放出来。

会场上的检查项目

③ 会场布局

U 字形、扇形、岛屿形、只有椅子的形式等。根据人数、有无发放资料、有无讨论环节等来决定。既不要太拥挤，也不要太稀疏。

④ 温度调节

尽可能加以关注，确保听众、演示者都能将精力集中于演示。
需要留意到，靠近玻璃一侧和中间一侧，脚下和脸附近温度都是不同的。

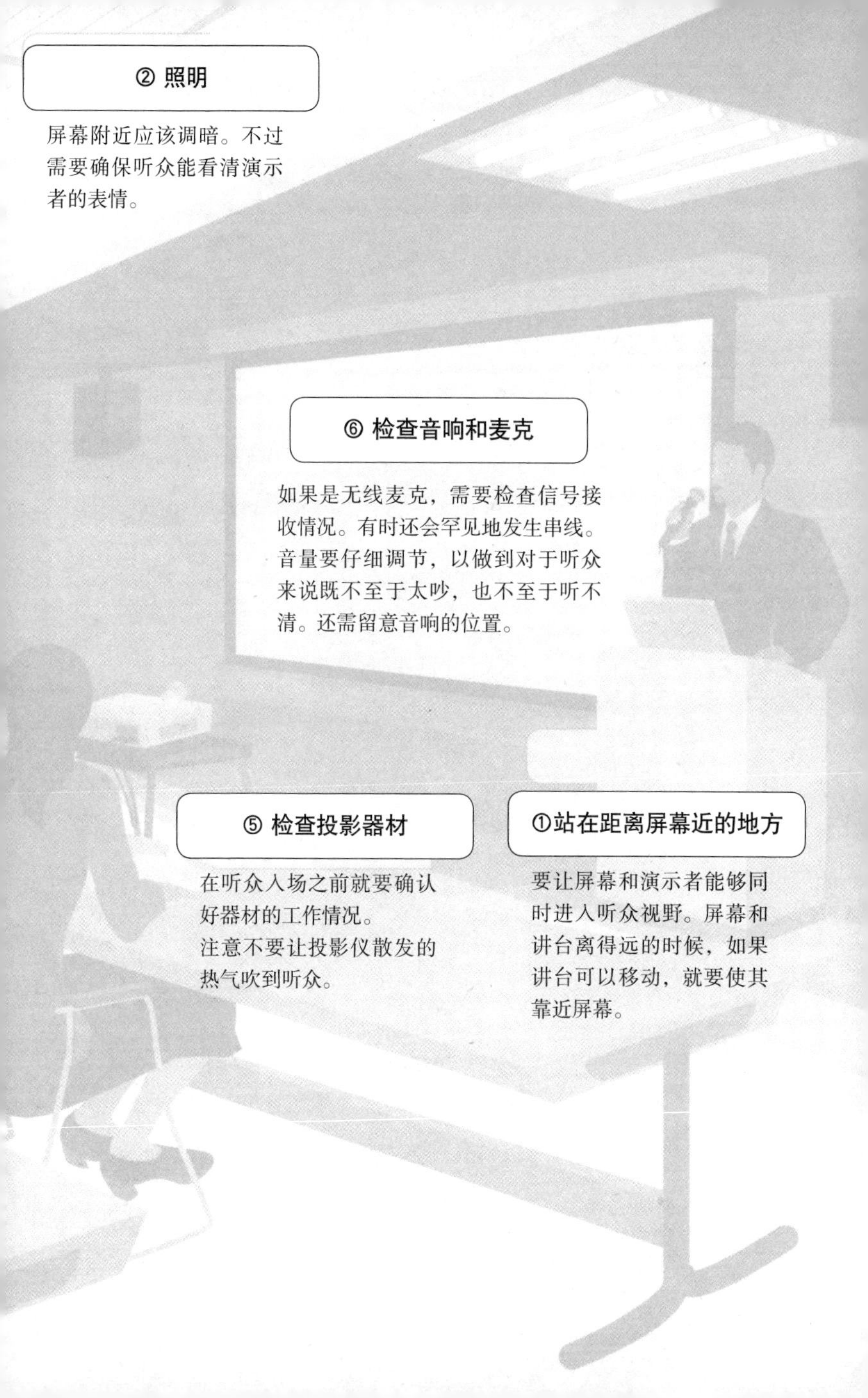

② 照明

屏幕附近应该调暗。不过需要确保听众能看清演示者的表情。

⑥ 检查音响和麦克

如果是无线麦克，需要检查信号接收情况。有时还会罕见地发生串线。音量要仔细调节，以做到对于听众来说既不至于太吵，也不至于听不清。还需留意音响的位置。

⑤ 检查投影器材

在听众入场之前就要确认好器材的工作情况。
注意不要让投影仪散发的热气吹到听众。

①站在距离屏幕近的地方

要让屏幕和演示者能够同时进入听众视野。屏幕和讲台离得远的时候，如果讲台可以移动，就要使其靠近屏幕。

第5章

改变思维方式，正式演示时保持平常心

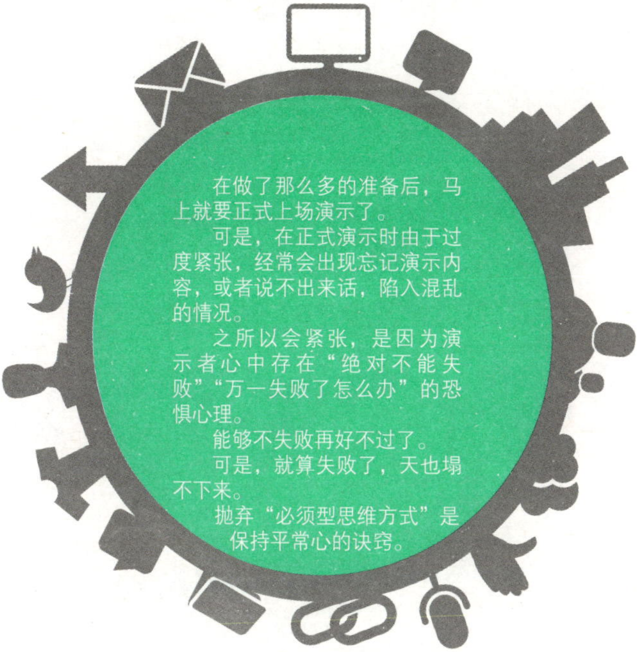

在做了那么多的准备后，马上就要正式上场演示了。

可是，在正式演示时由于过度紧张，经常会出现忘记演示内容，或者说不出来话，陷入混乱的情况。

之所以会紧张，是因为演示者心中存在“绝对不能失败”“万一失败了怎么办”的恐惧心理。

能够不失败再好不过了。

可是，就算失败了，天也塌不下来。

抛弃“必须型思维方式”是保持平常心的诀窍。

改变思维方式，情感也会随之发生变化

关键点

- 不安与恐惧心理是演示的大敌。
- 恐惧心理的根源是存在“必须型思维方式”。
- 凭借“愿望型思维方式”，保持平常心。

不安与恐惧心理是演示的大敌

越是重要的演示，大家恐怕就会越担心。

“担心”是一件很好的事情，是“好的负面情绪”。[①]这是由于，不担心的话就有可能会疏于做充分准备。

然而，担心一旦变成“不安”，说不定就会拖延准备，或是对必须要做演示这一事实视而不见。有的时候虽然做了演示的准备，却由于当天极度紧张而无法发挥真实水平。

不安一旦发展成“恐惧”，人有时甚至可能连演示本身都会放弃。

“不安”与“恐惧”是“坏的负面情绪”。不用说，它们都是演示的大敌。

不安与恐惧心理的根源是存在“必须型思维方式”

人为什么会感到“不安”和“恐惧”呢？

根据“理性情绪行为心理学”理论，一般认为其根

① 关于好的、不好的情绪及重度压力管理的详细解说，请参照笔者所著《麦肯锡情绪管理课》（由中信出版集团出版）。

源大致存在如下一连串的“必须型思维方式”。

我一定要把演示做得完美无缺。

我不可以失败。

我不能受到别人的差评。

我不能在别人面前丢脸。

这些想法都是在无意识条件下希望获得理想结果的“绝对要求”。

这个世界上并不存在“绝对”。这种“绝对要求”是在不确定的现实中追求确定性的、脱离现实的、所谓强人所难式的思维方式。

不安与恐惧产生的原理

一旦以“绝对”为前提，万一失败了的话，就等于是“做了绝对不该做的事情”或者“发生了绝对不该发生的事情”。这也就相当于自己制造了在“只能成功”的事情上“失败了”这一难以妥善解决的根源性矛盾。

一旦发生了这种情况，这种矛盾就会造成当事人产生“世界末日到了，糟糕透顶”“无法忍耐，受不了了”“我就是废物，窝囊废一个”等过度悲观的自我评价。

因为觉得“失败 = 无法接受的风险”，所以才会感到不安与恐惧。结果导致人丧失自信，萎靡不振，表现力下降，容易做出消极行为。

凭借现实的“最好能够型思维方式”保持平常心

要做到保持平常心，关键在于要放弃“必须型思维方式”。并且要培养现实的、灵活的、尽最大可能希望可以那样去做的“愿望型思维方式”，以及尽可能希望可以达到该种状态的“希望型思维方式”。也就是要认为“失败是可以接受的风险”。

如果马上就要做重要的演示，可以练习让自己养成按照下述思维模式来思考的习惯。

以下是“希望型思维方式”与“愿望型思维方式”的具体事例。

> 我希望做一场完美的演示。我希望尽可能不失败。希望获得好评，自然也不希望当众出丑。可

是，就算我这么想，也不存在“我必须取得成功并且获得高度评价”的宇宙法则。遗憾的是，现实是不确定的，也有可能会进展不顺利。失败的话我会非常懊悔。可是，就算演示进展得不顺利，尽管令人遗憾，但也只是发生了可能发生的事情而已。那将是非常不好的情况，却并非糟糕透顶的悲剧。虽然不愉快，但总会有办法。我承受得了，失败是我能够接受的风险。话虽如此，我还是希望尽可能让演示取得成功，也想得到好评。我也担心自己能否做好。按照自己的方式做好充分准备吧，结果就顺其自然了。

思维、情绪、行为紧密相连。尽管有许多人认为情绪这种东西是无法改变和调动的，但事实并非如此。只要改变了思维方式，情绪和行为就会随之改变。希望大家能够在日常生活中就养成好习惯，摒弃“必须型思维方式”，选择“愿望型思维方式”。

后记

倡导培养全球化人才的呼声正在日益高涨。

此种全球化人才需要具备的能力主要有：

- 以英语能力为代表的语言能力和逻辑沟通能力；
- 跨文化交际与多样性的接受能力；
- 基于伦理观念的综合管理能力等。

每种能力都必须经过长期磨炼才能掌握，培养起来非常困难。每种能力都不能像穿外套一样，披在身上就万事大吉了。

笔者认为，在这些能力当中，对坚持与人沟通的“传播能力”进行强化尤为重要。

一方面，我们迄今为止在自己圈子内部凭借以心传心顺利地实现了彼此沟通，但另一方面，尽管网罗到了外部世界特别是欧美各国的各种信息，但长期以来一直采取的是不对外积极宣传自己的态度。也就是说，对于外部世界，我们采取的不是相互理解的双向沟通，而是偏重于了解外部的单向信息收集。“communication”（沟通）一词的词源是拉丁语中的“communicare”（共享），所以，单方面的理解算不上沟通。

本书是“麦肯锡”系列图书的第三部。谈判力与演示能力是传播力的核心技能，而心理韧性则是顽强而持续地开展传播的原动力。笔者希望在此种定位下，本系列图书能够提高职场人士的传播能力，并且能够为全球化人才的培养提供一些帮助。

高杉尚孝